安養信託

放大你的退休金，打造晚美人生

Elderly Care Trust

李雪雯——著

| 推薦序 1 |

　　雪雯是聯合報理財版專欄作家，也出版了很多本探討人生財富規劃安排的書籍，對於各種理財的工具如何做最好的運用，都站在讀者的角度很詳細的說明，近幾年的文章並建議財富規劃結合信託機制，讓民眾在財富保值、增值之外，也可以保障財產的安全、作為退休安養用途，甚至傳承給後代子孫。

　　認識雪雯是幾年前她開始關注信託對於民眾的好處，與我們有一些訪談與交流。雪雯意識到單純理財也許財富可以增值，卻不一定能為己所用，加上長壽風險可能導致退休金不足的問題，她鼓勵讀者要及早規劃，這個方向真正掌握了信託的功能與精髓。

　　雪雯是一位非常精進、認真的作家，她為了更深一層了解信託，不僅積極蒐集信託相關資料，也訪談很多信託業的從業人員以了解實務，其他與信託衍生相關的信託監察人、監護制度、稅負規定等她也透過訪問專家以取得對信託安排的所需知識。此外，她更參與信託公會委託金融研訓院辦理的「高齡金融規劃顧問師」認證課程與測驗，順利取得「高齡金融規劃顧問師」，為了出版這本新書做好了充分的準備。

　　雪雯出版的《安養信託：放大你的退休金，打造晚美人生》，從信託基本觀念的介紹、到與個人相關的各種信託業務的說明及信託業者進階發展出結合安養信託的創新業務，一一都有詳盡的敘述，相信讀者可以從中得到對信託運用完整的認識，進而激發起想試看看的動機。

　　金管會自109年9月1日公布信託2.0「全方位信託」推動計畫第一階段以來，政策四大策略主軸推動的重心放在信託業組織調整與內部資源整合、發展各階層民眾需要的信託業務、人員專業精進及跨業合作等面向，在全體信託業的努力下，已有良好成效。金管會於今年9月公布信託2.0第二階段計畫就是肯定信託2.0對個人、家庭及社會的功能，金管會也將鼓勵信

託業持續推動民眾在人生各階段所需之信託服務，並透過信託業跨業結盟的擴展及深化，協助民眾善用信託制度。

信託是一個深具彈性與延展性的機制，也是唯一具有跨世代延伸委託人意志的金融工具。信託公會推動信託業以信託平臺整合金融業各種業務與資源，提供整合性的金融與服務及信託商品之創新，對於信託業未來發展方向是非常重要的，也是信託業成功應該走的方向。透過信託平臺可以規劃具有資產安全保障、生活給付及照顧傳承功能，以滿足社會各階層民眾及其家庭成員在人生不同階段的需求；並可結合各種金融商品提高信託資產運用效率，並可進行異業結盟提供客戶多元化全方位的服務。

在信託公會的宣導及信託業這幾年的積極創新發展下，我們看到信託業不僅已經推出 ALL IN ONE，同一信託契約可收受不同種類資產及具備多元結合功能的服務型態，也推出訴求以滿足人生各階段需求的信託業務及以家庭成員整體需求規畫的整合性信託，這些都是很好、很正確的發展方向。

金融業要成長已經很難透過銷售或提供單一商品與服務來競爭，大家的同質性都很高，只有信託的平台與其整合功能是未來金融業深化客戶關係與忠誠度的利器，才能提供客戶差異化的服務。期待信託業持續創新發展，讓民眾能享有更符合他們需要的信託服務。

很佩服雪雯願意投入信託宣導的領域，誠如金融監督管理委員會黃天牧主任委員常講的，信託是最溫暖的金融商品，是社會安定的力量，但是，一般民眾對於信託還是相當陌生，或是雖然覺得信託很好，但是還不到啟動的時機，有雪雯這本書從庶民的角度出發，詳盡介紹人生各階段需求的信託服務，而且建議大家及早規劃，相信對於民眾增加對信託的了解與運用會有很大的助益，祝福大家都能善用信託，享受安全美好富足的生活。

中華民國信託業商業同業公會秘書長｜**呂蕙容**

| 推薦序 2 |

　　每兩年一次，由國家發展委員會向國人報告的「中華民國人口推估」，已於 2022 年 8 月 22 發表（2022 年至 2070 年）。報告中顯示，我國進入超高齡社會（老年人口占比大於總人口 20%）時點仍維持在 2025 年，與兩年前推估的結果沒變。但 65 歲以上的老人，將由已突破 400 萬的人口數，在 2050 年達到最高峰，國家發展委員會推估將達到 766 萬人。換句話說，從現在起到未來 28 年間，台灣將有眾多老人出現，而且在 2050 年後這些老人人口數將遞減。我想這原因，讀者們應該也知道，也就是由「戰後嬰兒潮」推升成現在的「退休潮」。

　　說到這裡，讀者就可知道這本由知名作家及財金記者李雪雯小姐所寫的這本書的重要性了。因為，只要曾翻閱本書，或關心自己未來在台灣面臨高齡加上少子化的國人，就有需提前因應這從來未曾出現的社會現象，也就是從此刻起到未來三十年，台灣民眾將是由一群初老人到老老人的組成。舉例而言，依據國家發展委員會的推估，老人人口依歲數比例分類，到了 2050 年時，85 歲以上老人占 65 歲以上老人比例高達 20%，也就是說在未來，台灣不僅邁入超高齡社會，而且眾多老人會愈活愈長壽，長壽當然是福氣，但是要健康的長壽才是人生的最大福氣。所以，各位讀者們，這本書就是精闢的介紹如何做好面臨長壽的準備。

　　本人同李小姐一樣，在 17 年前就已考取了由信託公會舉辦的「信託業務人員」資格測驗。不同的是，本人自 2000 年我國有信託業法以來，就一直在信託專責部門任職及在通路端推動「信託」，期間出任國泰世華銀行信託部協理及三信銀行個人金融事業處副總經理，並也榮幸擔任台灣金融研訓院「高齡金融規劃顧問師」講座，故對本書出版的意義，及帶給社會大眾面臨未來 30 年所需具備的知識，充滿了對李小姐的感謝及敬意。

　　本書是由長期掌握健康、保險與信託的認眞專業記者所執筆。有幸拜讀本書，發現這是一本爲了在將來面對高齡社會及已在面臨的高齡者或其家人所寫，書中內容淺顯易懂，分類清楚有序，提及的信託觀念及商品也都是當今最熱門及社會大眾最有需要的，當然這些也都是金管會「信託 2.0」政策推動中的，所以非常值得推薦給大家知悉。

　　回想起，2022 年 5 月金管會黃天牧主委於信託公會會員大會發表致詞時，引用唐朝詩人劉禹錫：「舊時王謝堂前燕，飛入尋常百姓家」，期勉「信託」早日飛入平常百姓家。我想，這本書的出刊，的確有助將信託觀念早日導入台灣社會大眾心中，故非常榮幸與大家推薦及分享。謝謝！

台灣金融研訓院「高齡金融暨信託專業課程」講座｜張齊家

| 推薦序 3 |

　　當我們汲汲營營在社會上努力工作、建立人脈和擘建自己的人生王國的同時，碰到問題產生切身需求需要找到可以信賴並託付的那個人時，您會不會感覺到如登高山環顧四野卻只見一片霧茫茫、不知那人在何方？有沒有一個機制可以預先籌畫規避？

　　當我們的社會似乎變得越來越複雜，人際關係也似乎變得越來越疏遠；隨著社會和經濟的演變，少子化和老齡化正逐漸滲透和影響著我們的生活，而我們似乎還渾然不覺！？

　　金管會在信託 2.0「全方位信託」推動計畫中提及～依據國發會的統計，台灣現已邁入高齡社會，推估將於 2025 年邁入超高齡社會！也就是說屆時國內 65 歲以上的人口數將占總人口的 20% 以上；且屆時國人的扶老比將為 29.4（概略來說就是平均每 3.4 個人要扶養一個老或幼年人），這諾大族群對安養及照護需求的狀況對政府來說，不論在財政、社會資源和服務人力等等的需求上都會是極大的負擔！政府（金管會）看到了這個問題，隨即在 2019 年 9 月提出了「信託 2.0- 全方位信託」推動計畫；期待透過這計劃的推行，為即將到來的少子化和老齡化社會問題做超前佈署！而『信託』就是這機制；就是其最重要的應用工具！

　　這真的不是件容易的事！『信託』這項「業務」，或許說是這項「工具」；自民國 85 年立「信託法」、89 年立「信託業法」迄今；『信託』一直受限於多種因素而少有受到重視及發展！平心而論，『信託』這件工具橫向運用、涵蓋的內容及範疇可以相當廣泛；且其縱向規劃及執行面也可非常嚴謹和細緻！這應也是金管會看到其功能足以因應前述社會問題、之所以著眼於推動『信託 2.0』最切中主題需求的決策和行動！

　　在各方配合政策推展信託業務之際，除了看到各金融機構業務端致力配

合政策在各項措施積極運作外，還在一次訪談中，得知本書的作者也毅然決然地投身於這領域；以一位記者的角度、搭配著本身多年的深入採訪報導經驗及實質上課研習的成果，將『信託』作了全面詳細的解析和詮釋；不僅讓更多需要『信託』服務的族群、民眾能容易理解；知其然，也知其所以然！更可為串聯起「服務」（信託業）與「需求」（民眾）兩端的橋樑！說到此，亦不由深自感佩！

本書不惟分類細說信託業務的種類及內容，更導入各式的採訪案例及探詢專業人士、學者專家或主管單位的因應、執行及見解；殊為難得！市面上較常見關於『信託』的書籍泰半為「理論型」之論述；雖有少數談及信託實質運作及表彰功能價值之著作，但對現下諸多需要信託服務之家庭或個人，鮮少能給予如本書一般從風險需求導入、經由案例、介紹各種類型之信託業務及相關環節、搭配信託業之服務模式及民眾知應注意事項……，理論與實務兼具，從基礎建構到進階之運作及整合資源應用，不惟提供社會大眾對『信託』能有更進一步的認識及理解，同時也為金融及信託業務之從業人員提供了豐富的執業資訊，讓規劃及服務更貼近民眾的需求！綜觀而言，本書是一本頗為適宜民眾、也適宜從業人員悉心閱讀的一本信託專書！

在從事金融理財及財富管理業務多年以來，信託規劃一直是我們的核心業務，我們也深知要編輯著作相關『信託』業務專書的艱鉅和不易！畢竟其中牽涉到的專業項目繁多，加上法務的錯綜複雜和稅負問題的繁瑣；實務上又往往會遇到某種情境下不同之機構或立場又會有各自不同之見解等等問題，要整輯成書，沒有一定的熱情、熱忱和奉獻的用心，是難竟其功的！

文稿中我們可以看到 作者費了頗多的心力和時間逐項採訪、旁徵博引和編撰，但終究書題範疇極廣，要廣納百川似也不易，實務上或也會有其他異

議見解，也可能因事物變遷再檢討而修正，但就本書所呈現之意義及價值而言，尤其在金管會極力推動『信託 2.0 全方位信託』以因應我國即將邁入超高齡社會政策下，本書之發行，無疑是促進政策推展的極佳助力；同時也是高齡、弱勢族群要尋求以信託為問題解決方案的最適索引及工具！值得您我細細閱讀；

　　更值得您按圖索驥，為您的問題和需求找到最適合、最值得信賴和託付的的解決方案！

CFP® 國際認證高級理財規劃顧問

威瑞財富管理顧問股份有限公司董事長｜陳慶榮

| 作者序 |

　　雖然個人早在 17 年前，就考取了信託業務人員專業證照。但這麼多年以來，我與信託的唯一連結，差不多就只有透過銀行「特定金錢信託（簡稱「特金」）業務」，投資各種國內、外共同基金。

　　這期間，隨著對各種金融工具優、缺點的更深一層了解，再加上親自接觸過一些真實案例，逐漸讓我體會到信託業務，對於個人或家庭的重要性。並且開始認清一個事實：受惠於醫療科技的進步，人們的壽命的不斷延長，「長壽風險」絕對是每一個人既逃不掉，也不容迴避的重要課題。特別是當生老病死，都不是每個人能夠決定之際，自己辛苦累積的財富，一旦沒有好好及早規劃及預做處理，極有可能會落入「下流老人」的階層之中。以上這些由長壽所引發的風險，正是我會寫這本信託專書的起心動念。

　　簡而言之，想要打造一個安穩的退休生活，及早規劃是重點之一，而用對方法及工具，則是重點之二。一直到今（2022）年年初，上了「高齡金融規劃顧問師」的課程，並順利考取證照之後，我的心裡突然有了新的構想：如果每一個人，都將面臨長壽風險的退休規劃問題，而信託，又是非常好的解決工具。那麼，為何不寫一本專書，從退休規劃的角度，把可以解決長壽風險的兩大困難─退休金不足與資產保全的信託業務，做一個詳細的彙整及分析？

　　當然，信託業務的範圍非常廣，有些，甚至並不是一般普羅大眾有機會或能夠使用。所以本書所列的，主要是跟銀行信託業者所推出的，與個人有關（也就是個人可以承做）的信託業務，且一定是與退休規劃這個議題緊密相扣。例如「3.1 特定、指定、不指定金錢信託」中提到的特定金錢信託、指定單獨管理運用金錢信託（指單業務）、指定集合管理運用金錢信託（集管業務）、員工福利信託（參見「3.2 員工福利信託─促進勞資雙贏的好制度」一文）、有價證券信託（參見「3.4 有價證券信託─滿手股票之下的好選擇」

一文）等。儘管有財富管理的專家會說：解決長壽風險中「退休金不足」問題的解方非常多，信託業者所提供的一些業務，都不會是最值得民眾參考及選擇的標的。但為了避免本書重點的失焦，本書的篇幅，就只能只鎖定在以上相關的信託業務介紹上。

至於其他非信託業中，與「積極存夠退休金」有關的方法，還請讀者另外參閱個人之前出版的《錢難賺，退休金別亂擺》、《空巢的勇氣：人生下半場的 35 個必修學分》，以及各種投資基金及購買保險的專書（特別以高齡者為例，最需要的就是年金險與各種健康險）。

整體來看，也許解決「退休金不足」問題上，信託相關業務並不是最佳解。但在「資產保全」問題上，目前除了信託業務，恐怕也找不出其他更有效的辦法了。所以本書的架構，先是從「每一個人所面臨的長壽風險」開始談起，接著在第一篇，先介紹有關信託的小常識，讓有心想要善用信託業務，助自己一臂之力的民眾，有一個基礎的認識，以便在未來與銀行業者洽談，或是自行規劃安養信託契約時，能夠順利抓住信託業務的重點。

至於第二及第三篇的差異是：第二大篇介紹了原本信託業務中，與個人相關的信託業務；至於第三篇，則是隨著金管會及信託公會，不斷推展「信託 1.0」與「信託 2.0」等各階段目標，以及對業者的各項鼓勵措施之下，由信託業者（銀行）發想出的結合安養信託的創新業務。而在這次採訪及撰寫的過程中，個人有以下幾點心得與想法，想與廣大的讀者們一同分享。舉例來說，無論是從個人的需求、想法，或是多年來接觸到的案例，現階段信託業者（銀行）所推出的，與投資相關（例如指單、集管、AI 機器人理財……），或是留房養老及保險金信託業務發展，是真正能符合多數希望擁有美好退休生活民眾之所需。

因為以上這些業務，無疑是目前金融市場中，唯一能夠結合「穩健累積退休金」及「資產保全」兩大優點，值得想要預先做好退休規劃民眾，優先參考的安養信託業務。但是，有些業務因為無法打廣告（例如指單與集管帳戶），或廣告效果有限（例如 AI 機器人理財）；有些則因為稅負等考量（例如留房養老信託）；更有一些，則是受制於其他金融機構的無法配合（例如保險金信託），目前在信託業務整體規模上，佔比都非常低。

以下，是個人從消費者實際需求角度出發下，認為對一般大眾退休規劃最有利，且值得信託業者持續努力推廣的（安養）信託業務。

1. 直接代客戶定期支付相關費用：如此一來，老來行動不方便的客戶，就不用拿著信託的定期支付款，再跑一趟銀行去匯款。對於正常人來說，匯款也許是件輕鬆的小事；然而，對於手腳不靈活的銀髮族來說，可是禁不起這番折騰的。

2. 保險金信託：個人認為，現階段保險金信託最大的障礙，是在於保險公司的「不願配合」。據私下了解，保險公司（或保險業務員）不願意承做的原因，除了麻煩、錢（保險金）會跑到銀行去之外，最重要的是：沒有業績計算的獎勵，以及「客戶有可能被銀行搶去」的風險。儘管有些保險公司，願意配合一整筆保險金的信託業務承做；但是，對於分批給付的保險金（例如年金險的年金、各種健康險的分期給付），則絕大多數是「敬謝不敏」。原因就在於：每次撥款，保險公司都要打電話到銀行確認（照會）。

然而，當退休銀髮族越來越多，且很多人可能因為失能或失智，而無法自行管理這些保險金時，保險金信託業務就顯得格外重要。相信讀者在看了「3.3 保險金信託 – 抱歉沒做好規劃，保障只做對一半！」一文開頭 2 個案例之後，一定會更堅信「能承做分期保險金信託」的重要性及必要性。

3. **員工福利信託**：雖然台灣中小企業的佔比，高達 97.5%，且多數屬於「員工數在數人到數十人」的「微型企業」，再加上推行員工福利信託，有不小的規模門檻（因為信託業者所收取的管理費不低，提撥金額未達一定門檻之上，員工累積退休金的效益並不高），所以，國內員工福利信託業務的推展相當受限。

只不過，現階段就算是大型企業，也還有許多並未推出員工福利信託（包括員工持股信託及員工儲蓄信託）業務。因為據銀行局的統計，到今（2022）年 6 月底為止，國內 16 家金控中，只有 11 家的子銀行有員工福利信託（即台銀、合庫、一銀、北富銀、兆豐銀、新光銀、元大銀、永豐銀、玉山銀、台新銀跟中信銀），且只有富邦、元大、玉山、台新及中信是全金控集團，都在員工福利信託的涵蓋範圍之內。例如某大金控，是在金管會擴大推出「信託 2.0 第二階段計畫」，讓企業（特別是金控業者）辦理員工福利信託，做為加強員工未來退休準備的第三支柱之後，宣布將立刻啟動「員工持股信託」計畫，未來將開放金控及所有子公司內勤符合資格的員工、及外勤一定職級以上業務員參加，依標準每月提撥固定金額，同時企業將 100% 相對提撥金額，在公開市場買入該金控公司股票。

事實上，在長期低薪趨勢，以及各大退休金有破產危機之下，國內人數眾多的中小企業員工，也許更加需要員工福利信託這一塊，幫他們補足「退休金有可能不足」的缺口。但這方面要怎麼做，恐怕也有勞監理單位、信託公會及信託業者，一起動動腦、集思廣議了。

4. **有價證券信託**：根據業者的說法，國內有價證券信託佔全體信託業務比重極低。其中的「運用型」，也就是所謂的「借券」業務，多半是證券商在做，銀行所獲得的業務量極少。至於另外兩種「有價證券信託」─管理型及處分型，幾乎都是相當有錢大客戶的「專用」，一般普羅大眾極少會有此

需求。然而在近起年，國內投資市場吹起一波「存股風潮」，也就是投資人買進配息穩定的高殖利率個股、長期持有、不賣出，以便獲取每年穩定的現金流收益之際，個人倒是認為，不論是「運用型（借券）」或「本金他益（股票留給子女）、孳息自益（父母每年收取股息）」的有價證券信託業務，應該是大有可為才是。

5. 與長期積極、穩健投資理財結合：在採訪過程中，許多信託業者都不斷地「糾正」我道：安養信託對於退休族來說，最大的功能及優點，就是「定期而穩定的支付」。且「凡投資，必有風險」，一旦虧損產生、不足以定期支付給受益人時，受託銀行所擔負的責任過於重大。因此，信託業者並不贊成將信託資產，進行積極的運用，只願意（建議）放在銀行存款上。更有不少銀行解釋：之所以目前以銀行上架的投資標的為限，主要是依照《金融消費者保護法》、《信託業營運範圍受益權轉讓限制風險揭露及行銷訂約管理辦法》等法規的規定，銀行對於客戶可投資標的，都必須辦理商品審查及後續的風險適配的審核。

但事實上，就有銀行私下表示，安養信託連結任何投資標的（基金、ETF或債券），都需要進行電腦系統的變更，且系統就算只增加一個小小的功能，其費用動輒就是數百萬元起跳。在銀行看不到太多獲利的前景之前，並不是每一家銀行都敢先花錢修改軟體！

所以個人認為，既然（安養）信託的所有優點，不是只有「已退休者」才適用；那麼，準備退休者，也一樣值得善加利用。一旦把安養信託的族群，擴大到「準備退休者」，民眾既能因此得到信託規劃的好處，信託業者也可以因為信託資產規模的增長，而產生規模經濟的效果。如此一來，也才更能創造出「雙贏」或「三贏」的局面。

個人向來認為，在自由市場經濟之下，唯有企業有利潤（非指暴利），且消費者能獲利的「雙贏」局面下，市場才會更趨於健康，也才更能因此而幫助到更多有需要的人。既然信託有其不可取代的優勢，也能助高齡退休族一臂之力，若能把市場的餅做大，就能有更多人的因此而受益、受惠。再說了，只要當事人能做好個人投資理財中，最重要的「資產配置」動作。也就是將「退休後固定生活費」交付信託，或是擺在銀行存款上，而只是將額外的資產，進行穩健的投資。如此，誰曰不宜呢？

6. 留房養老信託：我在「4.3 賣房養老？以房養老？留房養老？」一文中曾經提及：儘管留房養老信託的立意不錯，但多數客戶只願從「不動產保全」及「租金」信託業務中「二選一」，除了修繕成本，以及租金收益可能不穩定的因素外，最大的關鍵就是在於「稅負」的問題無法搞定。正因為如此，就使得許多透過「包租代管」方式養老的民眾，多半只與銀行簽立安養信託契約，而不願意將不動產進行「不動產保全信託」。但這種做法，將更容易讓這些屋主，面臨不動產可能被有心人惡意遷轉的風險。

根據《人口及住宅普查》的內容，以及《家庭收支調查》的資料顯示，2020 年全國住宅自有率分別為 78.6% 及 84.68%，代表國人持有不動產的比率相當高。另以台北市之前曾做過的調查發現：60 歲至 69 歲房屋持有者比例最高（佔 27.12%）。也就是說，大約 4 棟房屋中，就有 1 棟房屋是由 60 歲至 69 歲的所有權人持有。

再以內政部不動產資訊平台之前，所公佈的「僅老年人口居住宅數」資料指出，2021 年第 2 季全戶都為 65 歲以上老人的住宅數，已達 62.7 萬宅，比 10 年前的 33 萬宅，幾乎是翻倍成長。其中，只有 1 名老人獨居的宅數，也從 10 年前的 22.6 萬宅，增加到 47.7 萬宅（增加一倍），且全國獨居老人宅數佔只屬於老人宅數的比例，也高達 76%。

　　以上的訊息，其實透露出一個極大的重點是：超過 65 歲高齡者持有不動產宅數大幅增加，且更有近 8 成是獨居老人持有。但就如同個人在本書前言—「長壽風險」篇中所言—高齡者是最容易受到金融剝削的一群。

　　當不動產的價值，動輒上百、上千萬元，且不動產又是國人，最重要的資產項目（因為依據行政院主計處所公佈的 2020 年「國富統計調查」結果顯示，不動產佔了家庭部門資產的 33.76%）之際，萬一高齡者手中握有的不動產「滅失」了，這將會如何嚴重影響其安穩退休的目標的？由此，更突顯出留房養老信託業務中，有關稅負方面問題非常需要儘快解決，才能更加保障有房產的高齡者。

　　最後，我想藉此機會，感謝信託公會呂蕙容秘書長、三信銀行張齊家副總經理，以及威瑞財富管理顧問（股）公司董事長陳慶榮這三位信託業的專家與前輩。他們不但在我寫書過程中，提供非常好的方向建議、幫本書撰寫推薦序，更是義務幫忙進行審稿及除錯的工作。

　　當然，除了以上三位之外，我也要同時感謝撰寫這本書的過程中，所有接受我採訪，以及提供相關資料給我的信託業者及專家們。沒有他們熱心的提供訊息，也就不會有這本書的問市。如果這本書，能真實對想要做好退休規劃的社會大眾有益，個人願意把其中的所有功德，全都迴向呂秘書長、張副總、陳董事長，以及所有協助我的受訪者們。當然，若書中有錯誤，也絕對是個人不可推卸的責任。

李雪雯

|目錄|

Chapter 1 寫在書前

如果沒有意外,台灣即將在二〇二五年進入超高齡社會,也就是平均5人之中,就有一位是超過65歲的「高齡人口」。

以下,我將依序詳述「健康,且活得久」以及「活得久又不健康」所導致的「退休金不足」及「資產安全」兩大風險。

1-1

長壽風險 VS. 高齡者被金融剝削的原因

以內政部公佈的「110 年簡易生命表」來看，隨著國人平均餘命不斷提升，台灣高齡者平均壽命已來到 80.86 歲，其中男性 77.67 歲、女性更高達 84.25 歲，現代人高齡化所衍生的社會問題，實已不容忽視……

當人們越來越長壽、生存時間過長（活太久）之下，會有兩種可能性：其一是「活太久，但身體還算健康，卻因為退休不工作、沒有收入時間長，錢是越花越多」；其二「身體不健康（更嚴重是失能或失智），導致醫療及長照費用的飆高」。

不論是屬於以上的前者或後者，都會讓退休金出現「不足」的結果。而要想徹底解決這兩大問題，前者得靠正確的投資理財方法（正確的退休金及保險規劃），後者可以部分靠退休金來挹注，或是之前所投保的相關健康險。但是，不論是透過哪一種方式，就算籌足了退休金（解決了「退休金不足」的問題），一樣都會面臨另一個「資產安全」的大錢坑。

以下，我就依序詳述「健康，且活得久」以及「活得久又不健康」，所導致的「退休金不足」及「資產安全」的兩大風險。

風險 1：退休金不足

　　首先，我們先來談談「退休金不足」的風險。隨著國人平均餘命的不斷提升，以內政部所公佈的「110 年簡易生命表」來看，國人平均壽命已經來到 80.86 歲，其中男性 77.67 歲、女性 84.25 歲。假設以目前法定退休年齡 65 歲來計算，等於國人平均會有 15 年「沒工作收入，但日常食衣住行醫療等，都需要花錢」的情形。萬一身體保養得當，成為百歲人瑞，那就代表沒工作收入的時間（35 年），幾乎要等於此生有工作收入的時間（假設 25 歲出社會工作，到 65 歲退休，總共工作 40 年）。由此，就可知道「活太久」對於「退休金嚴重不足」的影響深遠。

　　錢不夠可能是過去投資理財不得法所造成，讓退休金累積得不夠多；但更糟糕的卻是：一般人的退休金，可能準備已經不足，如今，還面臨著勞保破產的危機，讓「錢不夠」的問題更為大條。而在實際談到如何存退休金之前，請容我先簡單介紹一下，現有各種勞工退休金制度的內容。如此，才能進一步讓讀者理解，為何人越長壽之下，退休金有可能不夠？

　　目前，除了依照《勞動基準法》而成立的「勞退舊制」之外，大多數勞工所享有的退休制度，就只有依《勞工保險條例》所領取的「勞保老年年金」，以及依《勞工退休金條例》所領取的「新舊制勞工退休金」，三者比較請見（參見表 1-1-1）。

　　（表 1-1-1）的重點是，它清楚告訴廣大的勞工朋友：最基礎的社會保險（勞保老年年金），再加上第二層，也就是屬於「職業年金」的新制勞工退休基金，加總起來的所得替代率數字只有 52.12%。特別是勞工保險投保薪資都有一定的上限（2020 年勞工保險「月投保薪資」上限是 45,800 元），對於高薪者來說，以上退休後的所得替代率只會更低，不會相同或更高。

表 1-1-1 勞工所享有的三種退休金制度

	勞退舊制	勞退新制	勞保老年年金
三層退休金制度	第二層（職業退休金）	第二層（職業退休金）	第一層（社會保險）
確定給付 / 提撥	確定給付	確定提撥，但有「最低保證收益」	確定給付
給付方式	一次性給與	一次性或月退休金	一次給付或年金給付
平均所得替代率（％）	—	13.37%	38.75%

資料來源：勞保局、「總統府國家年金改革委員會」有關「我國年金制度概況彙整」
資料整理、製表：李雪雯

　　以上數字之所以重要，就是因為根據經濟暨合作發展組織（OECD）的建議，退休之後的所得替代率最好要 70%（也就是退休後的收入，大約是退休前的 7 成）。

　　如果按照「總統府國家年金改革委員會」有關「我國年金制度概況彙整」裡的數據，勞工第一層（社會保險），加上第二層（職業退休金）的所得替代率，差不多是 52.12%。距離以上「所得替代率要 7 成」的目標，還有一段差距（17.88%）。且就算把勞工自願提撥 6% 的所得替代率加上去，總退休所得替代率（65.49%）也仍是不足。

　　（表 1-1-1）的另一個重點是：由於新制勞工退休基金（所得替代率僅有 13.37%），是採取「確定提撥制（也就是繳多少，領多少）」。所以，只有它是唯一「不會面臨破產命運（但不能『活的越久，領的越多』」的退休基金。至於屬於「確定給付制」的舊制勞工退休金，以及勞保老年年金（唯

一可以「活的越久，領的越久），同樣都有「面臨破產的可能」。

特別是，勞保老年年金的給付，是「確定給付制」，而不是「確定提撥制」。「確定給付制」它是不論勞工當初提了多少退休金，而是按照退休前一定期間的投保薪資，計算退休後領的錢。在這樣的制度背景之下，已退休的人若是過往提撥退休金不足（這已是事實，否則，勞保不可能出現破產的問題），就只能靠年輕勞工所提存的退休金。但一方面年輕人會越來越少，二方面是年輕人普遍低薪之下，已退休者想要靠勞保的老年年金「安穩退休」，將會是非常危險的。

所以，希望能安穩退休的民眾，更要多準備一些退休金，此要靠「及早用對方法投資理財」，而不能靠政府的「撥補」，因為在「少子化（可工作、繳稅的年輕人越來越少）」之下，政府的財政（稅收）只會更加困難。所以，想要靠政府年年撥補勞保的虧損，更是不切實際。

風險 2：資產安全

其次，則是「資產安全」的問題。老實說，就算民眾投資理財（退休規劃）得當，準備了充足的退休金。但是別忘了，高齡者最常見的財務（資產）安全問題，就是「金融剝削」。

之前，個人看過一本翻譯自日本報導文學作家—鈴木大介所寫的《老人詐欺》。該書作者在親身採訪了不少位，專門詐騙老人集團成員之後的心得是：詐騙的年輕世代，之所以把老人當作目標，不僅是因為老人好騙，更是因為那個世代「壟斷最多財富」。

正由於年輕人堅持這樣的想法，替自己找到「詐騙非犯罪」的正當（義）

理由，再加上詐欺集團的分工化（金主、詐騙主、收集、提供名冊者與收錢者分開獨立、互不認識，讓警方無法徹底消除詐騙集團），鈴木大介認爲專騙老人的詐欺犯「永遠不會絕跡」。

根據「財團法人金融消費評議中心」評議處副處長的說法，高齡者隨著身心的衰老，以及相關認知能上的減退，使得其在經濟安全的問題上，正面臨到「一生努力累積的財產，被人詐騙、竊取或侵奪」等「金融剝削（Financial Exploitation，也稱爲「財務剝削」）」的威脅。

他指出，金融剝削的加害者，通常與一般人所想像的「陌生人」，有很大的反差。反而是具有信賴關係的人，例如照顧高齡者生活起居的人、往來多年的銀行理專、保險業務員，甚至是至親好友。而所謂的「金融剝削」是指：這些照顧者，以及具有信賴關係的人，有時會爲了自己或他人利益，在非法或未受權的情況下，「不當使用」或「支配」高齡者的財產（參見表1-1-2）。

有關高齡者金融剝削樣態，主要有以下四大類：

1.照顧者惡意奪產：學者洪令家的研究指出，當子女們發生就業困難之際，也順勢造就出台灣社會的啃老族。也就是說，當高齡者與沒有工作或收入的兒孫輩同住，有積蓄或領取退休、年金補助的高齡者，將成爲被嚴重經濟剝削的一方，而產生值得關注的老人金融剝削問題。

2.詐騙肥羊：由於目前台灣約有四成的高齡者，沒有與子女或孫子女同住，且根據日本的研究指出，不肖的詐騙份子往往能成功地，就是利用高齡者的這種孤獨感，再以巧妙的技巧與話術，欺騙獨居的高齡者。

表 1-1-2 有關「金融剝削」的重點

受害者特徵	1. 有固定收入並累積資產
	2. 容易輕易相信他人
	3. 孤獨及社會孤立
	4. 覺得丟臉，不告訴家人被剝削
加害人	1. 陌生人：網路、電話詐騙
	2. 熟悉親近的人：家人、照顧者、鄰居、朋友或熟人
	3. 對受害人財務狀況瞭解較深的人：理專、業務員、財務顧問、資產管理人
申訴管道	1. 金融服務專線：1998
	2. 金管會服務專線：0800-869-899
	3. 金評中心

製表：李雪雯

　　3. 消費陷阱：隨著高齡者在生理與心智上的衰退，再加上高齡者對健康長壽，會產生更積極的需求心理，讓高齡者更容易落入消費陷阱而不自知。

　　4. 投資陷阱與糾紛：以下，也是我親耳聽聞的一則案例。某位業務員向其客戶兜售保單，但對方卻以「沒錢」為由拒絕。這名業務員不死心，且看到該客戶名下有一棟房子，因此，就慫恿客戶把這棟房子賣掉，然後再向其購買保單。

　　但實際上，這間房子不過是客戶母親掛名登記而已。由於業務員與客戶的母親更熟。所以，客戶便要業務員說服其母把房子賣掉，並承諾將賣屋所中的一部分，向這位業務員購買保單。之後，房子雖順利賣出，但兒子拿了錢便不知去向，讓這位客戶的母親，氣到跟這位業務員「絕交」……

金管會在今（2022）年 10 月中旬最新出爐的「金管會及所屬 112 年度單位預算評估報告」也顯示，近 5 年高齡金融消費爭議情況在銀行、保險、證券業的申訴案件數逐年增加。截至 2022 年 7 月底止，銀行業、證券期貨業及保險業的高齡金融消費爭議申訴案件數，全都較去年同期大幅增加，合計數為 756 件，是 2021 年同期 325 件的 2.3 倍。其中，「保險業」申訴案件數達 623 件最多，占了 82%（且有 43% 的申訴人年齡超過 60 歲；其次是銀行業的 117 件，證券期貨業申訴案僅 16 件。

表 1-1-3 高齡金融剝削樣態

樣態	舉例
詐騙肥羊	金光黨、假投資、猜猜我是誰、假檢警、假交友、假綁架恐嚇、網路交易錯帳、紓困補助……
消費陷阱	不實廣告（電視購物、電台廣播）、旅遊、生前契約 /靈骨塔、度假村、健身 / 美容
照顧者惡意奪產	子女啃老、侵佔存款 / 保險金、偽造文變賣房產、失智結婚
投資陷阱	以投資理財為由，要求高齡者將原金融商品（例如定存或保單）解約，改買其他金融商品、頻繁轉換不同標的，或是投入他們不了解的商品中

資料整理、製表：李雪雯

投資詐騙，五大常見樣態

金管會證期局曾公佈 2022 年前 8 個月，總共收到 461 件證券及期貨投資詐騙的陳情案，超過 2021 年全年證券及期貨投資詐騙陳情案共 439 件，並同步揭露五大常見投資詐騙態樣如下：

1.冒名金融業者。詐騙集團會假冒合法證券業者或金融機構，發送簡訊招攬民眾加入 LINE 群，或假冒財經名人成立群組，鼓吹投資特定商品或下載特定 App。

2.以電話、簡訊及 LINE 群勸誘買股。詐騙集團會成立 LINE 群，假稱提供高獲利飆股資訊，勸誘民眾投資港股或台股，且主要會以電話推薦飆股，以簡訊提供網路連結方式，勸誘民眾點選連結，並加入網路群組。

3.假冒金融商品交易平台。詐騙集團會推薦民眾安裝假投資平台 App，宣稱 App 可插隊搶漲停股票並保證獲利，投資人先在平台操作買到漲停股票並有小額獲利後，便會被要求持續加碼匯款，直到投資人發現無法將獲利提領出來，才知道受騙。

4.誘導投資港仙股。詐騙集團會誘導投資人，到券商開設複委託帳戶，投資港股這類無漲跌幅限制的國外市場，並以大幅獲利目標吸引，並推薦投資人買進低知名度、低股價個股，詐騙集團一旦確認投資人買進後，會立即賣出手中部位，導致股價大幅重挫，投資人承受大幅損失。

5.勸誘民眾投資虛擬貨幣。詐騙集團會以虛擬貨幣交易可獲得高收益，或先以提供飆股方式，逐步勸誘民眾投資虛擬貨幣（參見表 1-1-3）。

高齡者被金融剝削的原因

根據個人這麼多年來的觀察，市場上之所以不斷出現高齡者投資陷阱與糾紛問題，最主要跟以下三點息息相關。

1.制度。講白了，就是跟目前銀行理專或金融業務員「按手續費收入」

計算的薪水制度有關。一旦理專（業務員）必須賣更多金融商品，才能因爲達到公司所要求的業績門檻，而獲得一定的薪水與獎金時，投資陷阱與糾紛就不可能有停止的一天。

2. 人格特質。例如我之前曾參加過的一場「長者經濟安全座談會」。會中，一位長期協助處理老人問題的天主教曉明社會福利基金會主任王婉如，則分析長者的理財特質，有以下三種：「保守固著不信任（理財以定存、儲蓄及現金支付爲主）」、「享受尊榮全相信（投資理財偏向股票、基金、保險及避稅）」，以及「唯我獨尊信自己（投資理財以股票與基金投資爲主）」。

3. 失能或失智。高齡者最大的健康風險就是失智，這個問題不只是高齡健康者最棘手的隱憂，也會讓社會面臨各種金融剝削的問題。萬一不幸失能或失智，問題將更爲棘手。

有關失智可能帶來的社會問題，我們將在下一個單元繼續介紹……

1-2

如何檢視並預防「失智」後的財富風險

「從現在的觀點看，（當事人）沒有病識感，在醫療行為上會拒絕就醫；在工作上會不認為自己無法勝任，並強做不適當決定；在金錢上會不顧慮自己的收入與花費比例。這些現象，都會造成病人暴露在生活與經濟的風險中」。

隨著年齡的老化，特別是隨著年齡增加而提高的失智問題（根據圖 1-2-1 失智症協會的統計，75 歲以下的失智症盛行率，還未超過 4%，但超過 75 歲之後，每隔 5 歲的盛行率幾乎是「倍增」），將更會令人擔心「當自己無法獨立處理金錢事務」時，就算之前已經準備好了充足的退休金，真的能夠分毫用在自己身上嗎？特別是有統計指出，75 歲以上的老年人，20 人中就有 3 位「獨立處理金錢事務有困難」。

根據健保資料統計，近 3 年失智症就醫人數逐步攀升，從 284,172 人一路增加到 296,997 人。而在 2025 年，台灣將邁入超高齡社會之後，失智症人數也必然增加。由下圖健保署統計，民國 110 年失智症患者就醫年齡層資料來看，大約從 61 歲開始，因為失智症而就醫的人數就快速增加（參見圖 1-2-2）。

失智症不僅是單一疾病，而是一群症狀的組合，除了記憶力減退，也會影響其他認知功能，包括語言能力、空間感、計算力、判斷力、抽象思考能

圖 1-2-1 國人失智症盛行率

單位（%）

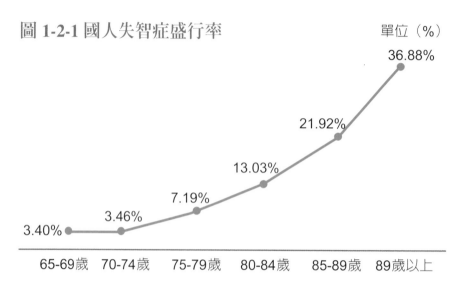

36.88%

21.92%

13.03%

7.19%

3.46%

3.40%

65-69歲　70-74歲　75-79歲　80-84歲　85-89歲　89歲以上

資料來源：台灣失智症協會（http://www.tada2002.org.tw/About/IsntDementia）

圖 1-2-2 110 年失智症患者就醫年齡層

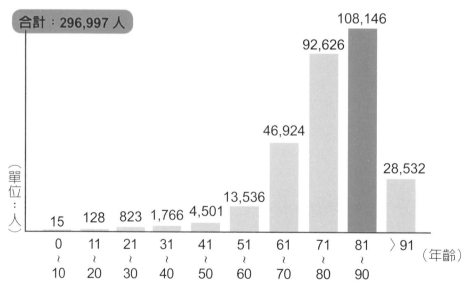

合計：296,997 人

108,146

92,626

46,924

28,532

13,536

4,501
1,766
823
128
15

（單位：人）

| 0 ~ 10 | 11 ~ 20 | 21 ~ 30 | 31 ~ 40 | 41 ~ 50 | 51 ~ 60 | 61 ~ 70 | 71 ~ 80 | 81 ~ 90 | ＞91 |

（年齡）

資料來源：健保署（https://udn.com/news/story/7266/6569367）

力、注意力退化等，也可能出現干擾行為、個性改變、妄想或幻覺等，症狀嚴重恐影響人際關係與工作能力。且在一般正常狀態，到真正被醫師判定為失智狀態之間，還有一段時間不算短，但其實當事人的認知功能，已經發生障礙的階段。

說到早期失智症的危害，到底有多深？在「社團法人台灣失智症協會（簡稱「失智症協會」）」出版的《因為愛你，教會我勇敢：失智症法律須知》一書中曾經提到：「從現在的觀點看，（當事人）沒有病識感，在醫療行為上會拒絕就醫；在工作上會不認為自己無法勝任，而強做不適當決定；在金錢上會不顧慮自己的收入與花費比例。這些現象，都會造成病人暴露在生活與經濟的風險中」。

那麼，失智症患者，有可能遇上哪些法律問題呢？根據失智症協會的說法，首先，就是層出不窮的詐騙。新聞案例中，有被騙賤賣出受不動產者；有成為詐欺集團覬覦的肥羊，而被騙交付巨款；有誤信他人施予的小會，而成為公司連帶保證、抵押、擔保等的人頭；或是最親密的人，卻成為最貪婪的人─子女在受贈財產後，遺棄當事人於不顧，或是子女偽造文書，將當事人（父母）的財產「乾坤大挪移」……

父母罹患輕度失智但毋須監護宣告，如何降低財損風險？

根據醫學相關資料顯示，正常人從輕度的認知功能衰退，一直到正式確診為失智症，至少還有約 7 年左右的時間（圖 1-2-3）。在這段期間內，當事人很有可能容易受到詐騙，或自己亂投資而破產、造成財務上極大的危機。

　　這個時候，另一半及子女，當然可以申請輔助或監護宣告。但是，經手過許多類似案件的台灣失智症協會秘書長湯麗玉就表示，輔助及監護宣告必須經醫師確診是輕度失智以上，再加上經過法院裁定的過程可能曠日廢時；更重要的是，經家事法院指定機構「再鑑定」，以及家事法院的裁定過程，也必須經過當事人的配合。

　　一旦當事人拒絕或不願意配合，基於人權的維護，除當事人以外的另一半或子女，也沒有任何權利可以限制當事人，進行任何法律行為。對此，湯麗玉提供以下幾個方法，供有此困擾的失智症患者家人或子女參考。

　　首先，讓有失智風險的長者，在白天有事可做，分散他們的注意力，這樣，他們就不會容易被詐騙集團所騙，或者成天想做各種投資致富夢。此時，

圖 1-2-3 認知功能衰退歷程

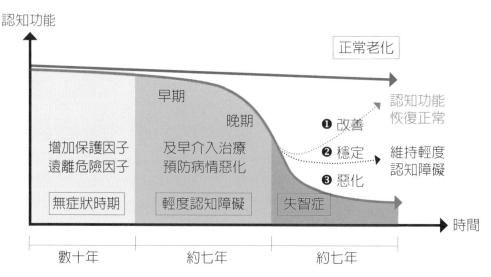

資料來源：《高齡金融規劃法規及實務解析》第 24 頁

家人也要先努力協助長者就醫。因為一旦長輩確診後，就可以幫他們安排很多活動，免費的失智症社區服務據點請見以下網址：https://ltcpap.mohw.gov.tw/public/index.html，可以提供免費的「協助確診」及「免費諮詢」）。特別是當長者白天有很多活動可做時，就不會想要去玩股票，或做其他投資。我個人也非常認同這個方法，因為只要退休的人平常有其他事情做，就不會整天想著靠做股票打發時間，或是還想著靠一些從他人處，聽來的投資工具，可以讓自己「快速致富」。

其次，將投資與其他財產分開、獨立，給長者一個「投資額度」，讓他自由在此額度內投資，至少不會因為投資失利或被詐騙，而影響日常生活。在此，個人非常贊同「長輩花自己辛苦所賺的錢，絕對是『天經地義』的，沒有任何理由可以阻止他自行投資。更何況，投資行為是心甘情願的，且『凡投資，就一定有虧錢的風險』，不能把所有虧損，都說成是『被有心人騙』」的說法。

再者，家人平日多做日記「記錄」，並告知醫師相關的「症狀」及「現象」。由於失智症患者狀況時好時壞，所以，湯麗玉建議家人平日做好觀察長者的「日記」，可以提供給醫師進行診斷。就以失智症協會的案件為例，最常見的是詐騙集團的詐騙、家人或看護爭奪長者財產，或是年輕失智的老闆，在被秘書知道之後，就把公司款項給全部挪走。

以上案例在正式確診前的損失，一定都拿不回來。主要是，很難確認之前的財務損失，不是當事人「心甘情願」。所以，她建議平日看醫師時，就要告訴醫師一些「症狀」及「現象」，讓醫師記在病例上，未來在法院對簿公堂時，至少也有一點「幫助」，因為家人平日對當事人「狀況改變」的「日記」，也可以做為證據之一。

雙親失智風險高，如何預作財務規劃？

正由於現今沒有一個全面性的解決方案，所以，對於退休後財務風險格外擔憂的人，除了「自求多福」之外，唯一能夠做的，還是當事人本身，要有一定的「病識感」，才能發揮「超前佈署」的功效。但是，「超前佈署」說來簡單，特別是看在「閱歷無數」的湯麗玉眼裡，許多民眾對於「失智症風險」，常常欠缺一定程度的「病識感」—既不認為自己有可能罹患失智症，也根本否認自己「已經失智」。

然而，錢財是自己這輩子辛苦累積的。如果自己都不在意潛藏的可能風險，再加上失智，是一種漸進且緩慢的過程，常讓當事人及其家人「不易察覺」。一直到當事人出現被騙的情形，有時，可能真的是「一切都來不及了」。所以湯麗玉就認為，預防失智症財務風險最好的策略，只有在自己頭腦、思慮還清楚時，預做準備、超前佈署。由此，應該要預先規劃好自己退休後的財產。

失智症協會法律顧問鄭嘉欣也表示，當長者的錢不見了，最大的問題就是「他未來的生活由誰來養」？更何況，訴訟不僅曠日廢時，還更可能無法勝訴，拿回應得的財產。所以，在長者失智前「預先防範」，永遠比「事後訴訟」要來得有用及有效。

此外，湯麗玉也想奉勸有此困擾的家屬，一定要有「花一整年時間解決」的心理準備。因為根據失智症協會的輔導經驗，要跟家中長者談財產規劃，絕對不可能一次就順利解決。而與長者溝通，並讓他們願意申請「輔助」或「監護」宣告，一定要記得以下的重點：

重點一. 找機會（機會教育）。例如當長者說，自己最近腦筋退化很多，

家人就可以藉此機會，順勢問長者「有何擔心」？當長者說出他的擔心時，家人就可以丟出幾個方法，供長者參考。在與長者溝通時，切記一定不要用「強硬」的態度，以免長者更加抗拒。

重點二.由誰說？建議找長者最信任的人，可能是其他家人，也可能是家人以外的外人，甚至可能是看診的醫師。

長者有失智症疑慮，該看哪一科？
如何讓他們願意就醫及確診？

湯麗玉建議，一般失智症診斷，可以看精神科或神經內科（有關失智症診斷專科醫師資源如下：http://tada2002.ehosting.com.tw/Support.Tada2002.org.tw/support_resources01_all.html）。如果長者對於「精神科」存有戒心，可以看神經內科，並且以以下方法，讓長者願意到醫院就醫及確診：

1.對於「平日常常這裡痛，那裡痛」的長者：頭痛、睡眠不好，你都可以去看一下神經內科。

2.對於「自己覺得什麼病都沒有，不用去醫院」的長者：就算沒病，也可以找醫師確認一下。

3.對於「喜歡享有便宜」的長者：現在醫院有好康的免費檢查（當然要與醫護事先套好招）可做。

4.對於「疼愛子女及孫子」的長者：最喜歡的家人一起看診（兩人都一起看診，但重點是家中長者）。

5. 對於「喜歡吃美食」的長者：我們先陪你去醫院看診，然後再去醫院旁邊那家你最喜歡的餐廳吃飯。

當然，每一位長者的個性、喜好等都不同，建議有此困擾的子女們，試試不同的方法，應該可以找到解決之道。

最後，個人想幫對此議題有興趣，或正為此問題困擾的讀者，把現階段所有可能可以使用的工具或方法，一一列出及分析如下：

1. 建立平時的就診紀錄：根據「2021 年全球失智症報告」，全球有高達 75% 患者未被確診，台灣則有近 50%。其中，失智症患者的自尊與家人的不捨，在在都降低了患者就診意願。對此，專家不忘提醒「讓患者就診」的重要性。這是因為除了有專業醫療，能夠延緩病況的快速惡化外，就診紀錄也將是患者未來受到金融詐害時，可以提供給法院以維護自身權益的重要依據。

2. 與銀行約定每日提款及匯款最高上限：也就是與往來銀行約定，設定每日提款或匯款的最高上限。如此一來，可避免銀行帳戶持有人單次損失金額過大。但是，在每日提領或轉帳上限以內的金錢，仍有損失的可能，且如果當事人因為失智而難以發現，也很難杜絕親近人「螞蟻搬象」式的金錢移轉。

3. 信用資料註記或不動產預告登記：信用資料註記的意思是：當事人不願意再增加任何負債行為，例如申請信用卡、貸款或開立支票及本票等；至於預告登記之後，任何非產權擁有者要進行不動產產權移轉，銀行都要通知預告通知人（根據《地政法》第 79-1 條）。

以上預告登記及信用資料註記，都必須是「當事人」申請（信用資料註

記方面，當事人不問理由，都可以提出申請；但如果是幫忙清償信用卡債或貸款者，也可以提出註記的申請）。家人如果發現當事人已有輕微失智現象，就算當事人不答應進行信用資料註記及預告登記（只限有不動產者），也一定要說服他們親自簽名蓋章及錄影存證。

4. 聲請輔助宣告或監護宣告：詳細內容請見「4.5 意定監護契約＋信託」一文中的輔助宣告及監護宣告重點。

5. 信託：也就是與信託業者（銀行）簽立一般或預開型信託，將財產移轉到安全的第三方（受託人）處。透過安養信託「專款專用」及「財產保全」的功能，既能夠防止當事人被詐害，也解決了家人管理資產的問題。

6. 年金險：以即期年金險為例，其最大的好處在於：只要進入年金化，保戶就不能解約或貸款，也不能擁有這筆資產的任何投資決策。如此一來，更可以杜絕掉保戶退休金被詐騙光的困擾。因為，除了年金險外的各種儲蓄險，不論是平準型、增額型，或還本型壽險，由於有一定的保價金存在，還是因為得以解約及貸款，而遭到有心人的騙取。

相關方法的優、缺點等比較請見（表 1-2-1）。

對於以上所列舉的幾種方法，律師鄭嘉欣就表示，目前最有效的預防方式，就是「信用資料註記」、「預告登記（限制登記）」及「預立信託」。至於「輔助或監護宣告」，也不是完全沒有問題。

因為除了申請過程可能曠日費時，或是時常淪為子女間爭產的濫用方法外，最大的問題就是：選任的監護人並未真正管理好受監護人的財產，甚至出現挪為己有的情形。

表 1-2-1 事前預防 VS. 事後補救，降低失智導致財損的「方法」比較

	申請人	重點功用	辦理地點	
每日最高提款及匯款上限	當事人	避免銀行帳戶持有人單次損失金額過大	各往來銀行	
信用資料註記	當事人或代為清償債務者	不再增加當事人任何負債行為	聯合徵信中心	
預告登記	不動產所有權人	不動產完成預告登記後，未經塗銷之前，不動產不得進行移轉、處分	各地地政機關	
（預開型）安養信託[1]	財產所有權人	將財產移轉到安全的第三方（受託人）處	各銀行信託部門或信託業者	
購買即期年金險	當事人	將整筆退休金進行「年金化（分次給付）」	各保險公司	
意定監護[2]	本人	在本人意識清楚時，預先指定自己想要的監護人	（法院或民間）公證人	
輔助或監護宣告	1. 當事人本人 2. 當事人四等親以內親屬 3. 檢察官	必須經過法院指定的機構鑑定及法院裁定，之後還要到戶政事務所辦理登記	家事法院	

1. 預開型安養信託目前已有多家銀行開辦，有興趣的民眾可向銀行信託部門詢問
2. 意定監護的相關重點，請見「4.5 意定監護契約＋信託」一文
資料來源：彙整自各個受訪者

優點	缺點
手續方便	在每日提領或轉帳上限以內的金錢，仍有損失的可能，且如果當事人因為失智而難以發現，也很難杜絕親近人「螞蟻搬象」式的金錢移轉
可控制自己不再增加任何負債，個人也不會遭人冒用、申請信用卡或進行貸款	只限於新增負債部分
當不動產要進行移轉時，地政機關必須通知被指定告知的人	只限不動產，且如果所指定告知的人失智或所託非人，一樣有不動產損失的風險
1. 可以完全保本。 2. 預開型信託可以由雙方，事先約定啓動時間或標準，甚至是「防呆」機制	1. 除了預開型信託外，將財產信託之後，就要開始持續繳交相關費用 2. 如果資產運用仍由委託人，或委託人所指定的親友執行，仍有一定的被詐騙可能（所以，為了將風險降到 0，財產信託之後，就完全不要自行投資，或是可以委由專業的代操業務）
進入年金化之後，保單完全不能解約及貸款，保戶不會有一次被騙走所有錢財的風險	1. 當市場利率低，年金收益率不高 2. 年金入帳戶後的錢，仍有機會被詐騙及挪用
具有一定的法律效力，一經法院裁定，當事人就沒有權利獨立做任何法律上的決定	1. 目前沒有監護監督人制度，監護人如果選擇不當，也一樣具有風險 2. 當有「共同監護人」時，也可能因為雙方意見不合，無法做出對當事人最有利的決定
具有一定的法律效力，一經法院裁定，當事人就沒有權利獨立做任何法律上的決定	1. 可能曠日廢時 2. 目前沒有監護監督人制度，監護人若選擇不當，也一樣具有風險 3. 當有「共同監護人」時，也可能因為雙方意見不合，無法做出對當事人最有利的決定

1-3

「信託」是長壽風險的最佳解藥

　　退休後因為沒有收入，所以更要注意在這段期間所發生的財務損失，畢竟一旦出現虧損，恐怕便很難及時獲得補償。所以，預先採取一些可行步驟及做法，才能幫大家將可能發生的損失「降到最低」。

　　在「解決之道」方面，個人還是誠心建議已經退休、完全沒有固定收入的人，最好將自己的財產（主要是用做日常開銷的費用）交付信託，或是放在其他完全不要再有任何動用權的金融標的，例如即期年金險中。

　　在此附帶一提的是：儘管終身還本型壽險，也一樣具有「活到老、領到老」的優勢。但是，由於保單預定利率不高，在「每月領取同樣金額」之下，購買終身還本型壽險的投入本金，要比購買即期年金險要高出很多。

　　但與保險相比，在退休後把資產交付信託，或是放在其他完全不要再有任何動用權的金融標的上的優點有二：

優點 1：避免曝露在「被慫恿投資」的風險中

　　因為，只要民眾把錢存在銀行，並擁有 100% 的投資決定權，就只會把自己曝露在更高的投資風險當中。

　　理由很簡單，理專也得要生存。更何況，他們銷售金融商品給客戶，並收取相對的佣金回報，是完全天經地義的事。個人對此的看法是很中性的。因爲在現有敘薪制度下，理專不靠佣金收入，又該如何養家糊口？

　　可以這麼說，正是現有金融機構的敘薪制度，才是造成投資人虧損的最重要原因之一。所以，只要這樣的薪資結構一天不改，理財大眾擺在銀行裡的錢，就一定逃不掉「頻繁被理專要求轉換投資標的」的命運。個人認爲其中唯一的差別只在於：有良心的理專，一年要求客戶轉換投資標的的次數，會比較低一些而已。儘管理專頻繁讓客戶轉換投資標的，不一定代表「投資績效一定爲負」。但是至少，頻繁交易所產生的成本，一定會吃掉不少客戶原本該有的獲利才是。

　　在民眾與銀行簽定老人安養信託之後，信託委託人（客戶）就暫時將投資決定權，交給了信託受託人（銀行），而當投資決策權，不在民眾這一方時，銀行理專也就不會繼續再「慫恿客戶頻繁轉換投資標的」了。

　　又或是投保即期年金險保戶，在蠆繳保費之後，就可以立刻從保險公司處，定時領取一筆「年金」。而且，這筆錢理論上就是「活到老，領到老」（保證給付期過後，有些保單給付會降低；超過約110歲之後，契約即終止），當事人至少比較不用擔心「退休金太快花完」的「長壽」風險，以及「自己亂投資，導致退休金大幅縮水或歸零」的風險。

　　不過，如果是年金險與信託進行比較，安養信託契約因爲可以指定信託監察人，萬一委託人不幸發生事故（例如中風、失智）而無法「表示意思」時，受託銀行還可以按照監察人的指示，將資金匯往指定的帳戶中，讓資金100%運用在當事人身上，這是單純保險所做不到的。所以，最好的方式，就是投保即期年金險，再結合安養信託（保險金信託）。

優點 2：避免退休後越來越高的「失智」風險

就算當事人「管得住自己不亂聽信他人的慫恿而投資」，但萬一自己不幸罹患失智（通常在初期，包括自己及周圍的家人，都不易提早發現；且過去的經驗顯示，「當事人失智」這件事，通常都是在財務嚴重受損之後才被發現），就給了有心人很大的「發揮」空間。當然，就算是民眾每一個月的生活費，還是有可能被騙或被挪用，只不過，由於金額最高的那筆錢，是擺在信託帳戶或保險之上，並不是掌握在當事人的手裡，這一大筆退休金，會被有心人一次騙光的機率並不太大。

簡單來說，「安養信託＋指定營運範圍或方法金錢信託」的運作模式，也許不能帶給當事人（委託人）「收益最大化」，但卻可以讓當事人，將「能夠事先避免發生的風險」降低。也就是說，萬一民眾在辦理信託後，不幸發生老失智失能時，就不用擔心財產遭人侵占或保險金移作他用。因為受託人（信託業者）會依照信託契約，依照委託人所規劃之方式進行管理，像是：每月撥付定額生活費供自己所用、支付安養機構或看護費用、代為支付水電費、稅金等。

此外，由於信託之後，財產已經移轉到受託銀行，可以避免這筆資產遭他人覬覦而挪用，更能符合老年安養的信託目的。信託公會秘書長呂蕙容就曾表示：「老年生活如果只有財產沒有辦理信託，就如坊間所說，好像雨傘只撐開一半，還是有可能淋到雨」。所以，如果民眾擔心自己日後因為失能或失智，導致「無行為能力」而無法處理自己的資產，讓退休金 100% 用於自己身上，其實很適合提早透過「安養信託」，以進行退休規劃。只不過，每當個人過去如此建議時，很多讀者都不願意採納，理由不外乎以下兩點：

1. 信託要額外多收一筆管理費。目前，安養信託所收取的費用，一是簽

約費（差不多是 1,000 元）；二是每月「依資產淨值年率 0.3% ～ 0.5%」的信託管理費；若有修約的話，每次再加收 3,000 ～ 5,000 元。

儘管有些銀行信託部門的信託管理費，可以低到年率 0.2%，但畢竟不是完全「零成本」。話雖如此，投資人得要仔細思考：「固定但不高的費用」，與「萬一可能的投資失利或被詐騙的風險」，到底哪一個是自己最不能承受的？

更何況，從「使用者付費」的角度來看，當銀行提供固定處理（投資及保管帳目），以及日後分期給付時，個人認爲這筆「服務費用」，也是非常合理的支出。

2. 自認手邊資產不夠多，故而想在退休後繼續投資生利。然而這個想法從財務安全的角度來看，可是大錯特錯的。個人想再三強調：假設投資理財大眾錯誤看待問題的原因，後面所選擇的任何投資結論，都將很難順利解決自己的問題！

關於這一點，個人過去已經多次撰文指出：如果退休後，才發現退休金不夠，那問題是出在「沒存夠」。所以，理財大眾該做的先是「節流」，也就是儘量降低退休後的生活開銷。萬一省無可省，民眾接著該做的是「老老實實穩穩當當」地去找份「薪資收入」，而不是把已經不足的退休金，再丟入一個「未知風險」的標的上！

理由很簡單，薪資收入是「只要你肯工作、有勞動付出，就一定會有的收入」，除非當事人每月工時不一，否則，會拿到的薪水，絕對是固定不變的。再說了，薪資是可以「保本、保息」的，但是，任何投資（包括時下非常流行的「被動式收入」）卻是有風險，且完完全全「不」保本、保息的。所以，退休族必須考慮的是：「退休金損失」與「退休金不足或不夠多」，

雖然同是「風險」，但，自己最不能承擔哪一個風險？所謂「兩權相害取其輕」，當兩樣風險都是自己最擔心的，就只能選擇那個「對自己傷害比較不大」的一項。

事實上，正是信託這道「繞了一個彎存定存或投資」的手續，才能起到一個「資產保全」的重要功能。因為，當一般大眾與銀行簽定信託契約，並且將資產移轉給銀行之後，所有權人雖然不再是「個人」的，卻能產生「任何外界的詐騙集團，想要打這筆錢主意的解約行為，都會先由銀行信託部門，負起基本把關動作」的優點。

我想在此再三強調：信託也許不是這世界上，現階段能解決理財大眾所有問題的唯一金融商品。但是，假設想要安穩退休的大眾，想要好好保護住自己的退休老本，並且讓所有的錢，分毫都用在自己身上。那麼，自己就必須要有一定的危機意識，並且在自己頭腦還清楚時，把問題先行處理好。而不是事到臨頭之後，再想辦法善後。因為到那個時候，一切恐怕都已經是「木已成舟」，什麼結果都改變不了了。

所以，就算是自覺頭腦仍然非常清楚的高齡者，覺得退休後還想「享受自行投資」的樂趣，並且累積一些「額外的零用錢」。但個人認為最安全的做法，仍是計算出此生所需要的總生活費用（＝餘命＊每月生活費＊12個月），再加上可能需要的安養及醫療費用的總合，先成立一個安養信託。

只有那些剩下來多餘的錢，才可以繼續進行投資以生利。個人認為，如此做法的優點及好處在於：就算投資資金全部虧損，或是遭到有心的詐騙，至少，不會影響到正常的退休生活。而且更重要的是：在這段期間萬一發生財務損失，恐怕是很難避免及獲得補償的。所以，預先提早採取一些可行的步驟及做法（表 1-3-1），也許真能幫民眾將可能的損失「降到最低」。

　　最後總的來說，高齡金融剝削問題，不但是已經退休，或是即將退休的高齡者必須注意，連這群高齡者的子女，恐怕都得要關切及重視。理由很簡單：除了高齡者本人，會面臨辛苦一輩子的生活費無著落外，一旦高齡者生活費「完全歸零」，其子女的財務擔子，可能就更為沉重。特別是台灣已經邁入老年人口越來越多，且獨居者越來越普遍的景況，這個問題不但是老年人本身就該重視，連他們的子女們，也得要及早了解、預防以及因應才是！

表 1-3-1 正式退休前，擔心財務風險的民眾可預先採取的行動：

資產項目	建議採取行動	做法／理由
現金	成立預開型信託並分批存入	因為有些銀行的預開型信託，只要不開始進行支付動作，多數情況下，委託人都不用支付信託管理費
投資（股票或基金、ETF）	在專門的銀行帳戶進行投資扣款，且開戶時，採用簽名，而非印鑑方式，也不申請提款金融卡	不申請提款卡，不但不會頻頻解約、打斷長期持續投資的進行，也大大降低了外人盜用、盜領的機會
不動產	不動產持有人到地政事務所辦理「預告登記」	預告登記在未塗銷之前，一旦有不肖人士意圖處分或變更登記時，地政事務所會先通知預告登記權利人
保單	成立保險金信託，並且找一位信託監察人	雖然只要被保險人，發生符合保單條款定義的狀況，保險公司就會整筆或分期給付保險金。但是，當被保單受益人失能或失智，就算錢入到當事人指定帳戶，在未有專人監督之下，錢也未必能100%用在當事人身上
其他	金融註記	在財團法人金融聯合徵信中心網頁上，下載「當事人辦理註記申請書」，再向金融機關申請「不再申辦信用卡、貸款或擔任保證人」等業務，可以降低衍生債務的風險

資料整理、製表：李雪雯

Chapter **2**

信託基礎：觀念篇

根據《信託法》第1條的定義，「信託」是「委託人將財產權移轉或為其他處分，使受託人依信託本旨，為受益人之利益或為特定之目的，管理或處分信託財產之關係」。簡單來說，「信託」就是一種「為他人利益並管理財產」的制度。

2-1

有關「信託」的定義、架構與關係人

由於信託的架構，是委託人將其財產，移轉並交付給委託人，並由受託人進行管理及處分，以便達到信託目的（例如照顧受益人的生活），所以，信託具有相當多的優勢及功能，且容我一一道來。

說到信託這項業務，早已經與一般民眾的日常息息相關了。舉例來說，基金投資就是屬於「金錢信託」；一般人使用的禮券和「嗶」支付應用，則屬於「預收款信託」；民眾買賣房子，則有「不動產價金信託」等，以便能提供更多的交易安全；規畫完善的「公益信託」，則能收受善款，讓真正需要的人得到幫助。

以上這麼多跟民眾息息相關的業務，都與「信託」有關。那麼，信託到底是什麼？它又對民眾到底有什麼好處呢？以下，個人想先簡單介紹一下信託的基本定義、架構，以及在實際運作中，最重要的三大信託關係人—委託人、收託人與受益人。

根據《信託法》第 1 條的定義，「信託」是「委託人將財產權移轉或為其他處分，使受託人依信託本旨，為受益人之利益或為特定之目的，管理或處分信託財產之關係」。簡單來說，「信託」就是一種「為他人利益並管理財產」的制度。

　　而它（信託）透過「委託人（提供財產的人）」、「受託人（例如信託業者）」及「受益人（委託人想要照顧的人）」這三個角色的連結，幫助有財產規劃需要的人，以更有效率而且安全的方式達到目標。

　　當委託人將財產權，移轉給受託人之後，受託人就必須依照信託契約所約定的信託目的，為受益人的利益或特定目的，管理或處分這筆財產，一直到契約期間屆滿、信託目的完成，或信託目的不能完成為止。

　　舉例來說，如果委託人想用一筆財產，照顧自己或特定人（例如父母、子女），或是想做公益，都可以由信託業者（目前為辦理信託業務的銀行或證券商）或信任之人來擔任受託人，與自己簽訂信託契約，並且在契約中，約定信託目的、財產管理方式、信託受益人、財產歸屬及交付方式（定期或不定期）等內容。在此同時，委託人也要將信託財產，移轉到受託人（例如信託業者）的名下；而受託人也必須依照信託契約的約定，為委託人想要照顧的對象（信託受益人），管理或運用這筆信託財產，一直到信託關係結束為止。

信託金三角

　　下圖（圖 2-1-1）的信託金三角，就是以上信託的三個重要關係人，以及整體運作的方式。事實上，正是透過「委託人（提供財產的人）」、「受託人（信託業者）」，以及「受益人（委託人想照顧的人）」這三個角色的連結，才能幫助有財產規劃需要的人，以更有效率且安全的方式達到目標。

　　在以上三大關係人中，誰可以當信託的「委託人」呢？簡單來說，「委託人」就是「擁有財產、具有處分財產能力，同時交付並移轉信託財產」的人。所以，只要是擁有財產的人（不論是法人或自然人），想要為「某人（受

益人）」或「某種目的（像是照顧家人或做公益等）」進行財務規劃，並且將所擁有的財產，移轉給受託人進行處分或管理時，就是信託關係中的「委託人」。

那麼，誰又是「受託人」？又得具備什麼樣的資格呢？簡單來說，「受託人」就是信託關係中，負責管理及處分信託財產的人。他的主要工作，就是依照信託契約的內容，為受益人的利益執行，及管理運用信託財產等事宜，並且協助委託人達成財產管理目的，一直到契約期滿、信託目的完成，或是信託目的不能完成為止。

圖 2-1-1 信託金三角

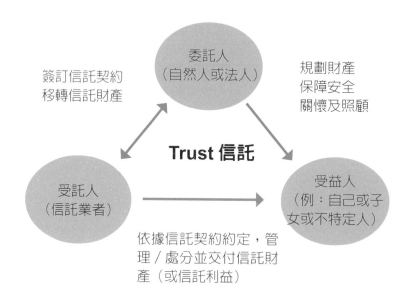

資料來源：信託公會

接下來再談「受益人」。簡單來說，「受益人」就是「因信託成立而享有信託利益」的人。也就是委託人在成立信託時，所想要照顧的對象，也可以說是在信託關係中，得到信託利益的人。那麼，誰可以當受益人呢？一般信託受益人的安排，可以有以下四種：

1． 委託人自己（稱爲「自益信託」）。

2． 委託人的子女、親人，或其他特定的人（又稱爲「他益信託」）。

3． 委託人自己以及子女、親人或其他特定的人（「部分自益、部分他益信託」）。

4． 不特定多數人（例如「公益信託」）。

但是在信託架構中，除了以上三種關係人外，還有一位常常爲民眾所忽略的角色—信託監察人，我將另外以單獨的一篇文章，來介紹信託監察人的功能、角色重要性，以及如何挑選信託監察人（以上四種信託關係人的定義、資格及權利、義務，請見圖 2-1-1、表 2-1-1）。

信託的特性 VS. 功能

正由於信託的架構，是委託人將其財產，移轉並交付給委託人，並由受託人進行管理及處分，以便達到信託目的（例如照顧受益人的生活），所以，信託具有以下的特性及功能（優點）：

1. 獨立性：除非另有約定外，一般人對信託財產不得強制執行。也就是說，只要成立信託是出於善意，信託財產在相關法令的保戶下，是不會被任何人「強制執行」，但如有涉及《信託法》第 12 條但書的規定，仍可被強制執行，由此，便可以確實保障委託人的資產延續。

表 2-1-1 信託各種關係人的定義與資格

	定義	資格
委託人	移轉＆交付資產	契約信託：《民法》上「成年」的資格＋未受監護宣告 遺囑信託：滿 16 歲＋未受監護宣告
受託人	負責管理信託資產	可以擔任資格：具行為＆權利能力 不可以擔任資格：未成年人、受輔助或監護宣告者、破產人
受益人	享有信託利益的人，只要具有「權利能力」即可，例如：尚未出生之人、籌設中的法人	辭任條件： 1. 委託人或受益人同意 2. 法院許可
監察人	監督信託事務的執行，可設，可不設，但公益信託一定要	自然人：除不可以擔任資格（不論結婚與否的未成年人、受監護或輔助宣告之人、破產人）外均可 法人：公法、私法、財團、社團法人均可

資料整理、製表：李雪雯

2. **安全性**：特別以商事信託為例，由於受到《信託法》及《信託業法》的嚴格規範，委託人的信託財產在管理上，是受到較高程度保障的。

3. **自主性**：信託財產可以按照委託人的意願，透過信託「預先進行財產配置」並指定受益人或受益比例，可以在一定程度上，避免日後家族爭產而對簿公堂的糾紛。但值得注意的是：透過信託分配及指定遺產，仍不能侵犯到《民法》對於繼承人的應繼分與特留分部分。

4. **掌控性**：委託人在將財產交付信託之後，對於信託財產依舊保有掌控

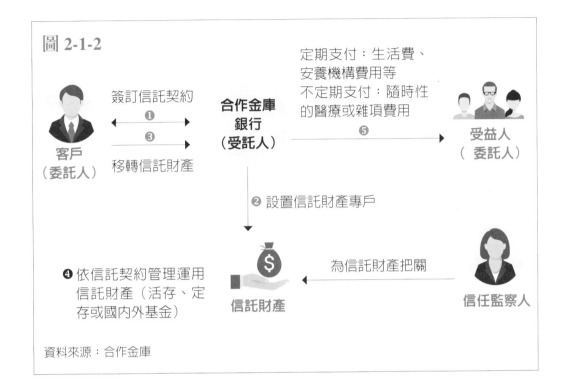

圖 2-1-2

簽訂信託契約 ❶

❸ 移轉信託財產

客戶（委託人）

合作金庫銀行（受託人）

定期支付：生活費、安養機構費用等
不定期支付：隨時性的醫療或雜項費用

❺

受益人（委託人）

❷ 設置信託財產專戶

❹ 依信託契約管理運用信託財產（活存、定存或國內外基金）

信託財產

為信託財產把關

信任監察人

資料來源：合作金庫

權，可以在一定程度上，避免信託受益人在財產使用上的「揮霍無度」。甚至透過信託贈與規劃，委託人也可以在契約中，保留「隨時取回贈與財產」的權利，還可享有更完全的財產控制權力。

5.隱密性：在財產交易時，以受託人的名義進行，可以隱藏原財產所有人身份，不至於曝光。

6.合法節稅：依照《遺產及贈與稅法》的規定，每人每年只有基本的贈與免稅額，超出的部分，贈與人就必須繳納贈與稅。不過，若能善用「信託」

進行規劃，便可享有時間所帶來的「折現利益」節稅效果，讓委託人得以輕鬆做好將財產，贈與下一代的規劃。

7. 多元性：委託人可以根據不同人生階段的各種需求，量身訂做出不同信託規劃，像是：子女教育撫育信託、退休安養信託、保險金信託等。

8.活化財富：除了單純信託規劃，銀行信託部門還有一些以「投資理財」為目的的業務（商品），投資人可藉由適當的資產配置，將資金運用於固定收益性或投資型商品，以便活化財富！

委託人財產交付信託，真能躲避債權人追討？

稍微了解信託業務運作的讀者，也許都聽過「信託財產依法不能強制執行」的規定。那麼，假設有債權糾紛的民眾，一旦把資金，投入到集合管理帳戶，是否就能夠躲避債權人的追討呢？

其答案是「不一定」。因為《信託法》雖然規定對信託財產「不得強制執行」，但受益人享有的信託受益權，仍屬於《民法》所規範的財產權。也就是說，「強制執行」不適用於信託的部分，是指對「信託財產」不得強制執行，但不及於信託的受益權。由於不論是特定金錢信託，或是集合管理帳戶，每天都會進行淨值的計算，且有時會有配息。而配息與贖回款項，都屬於信託受益權的範圍。

例如過去曾有的案例是：委託人（即受益人）的債權人透過法院，針對受益人的信託受益權申請「強制執行」。所以，有債權糾紛的民眾，可千萬別對特定金錢或集合管理帳戶的信託資產「不得強制執行」，存有太多錯誤的迷思了。

我家的毛小孩能當信託受益人嗎？

依據內政部最新統計資料，2022 年前 9 個月，全台新增寵物登記已有超過 17 萬隻，但同期累計的台灣新生兒數，預估只有不到 14 萬，顯示寵物深受一般國人的重視。甚至，也有人想要成立信託，讓家裡的毛小孩當信託受益人。

然而，根據律師的說法，由於毛小孩在法律上屬於「物」，所以目前無法成為信託的受益人。其最主要的關鍵就在於：信託受益人必須是自然人或法人，不能是某一件事（例如「每年請受託人代為淨灘一次」）。因為，目前的銀行專長只在於金錢的掌控，並不在於提供實際服務。

2-2

信託監察人——遭逢突發事件時的最佳救援

承上一章所描述，信託架構中有三大關係人，分別為委託人、受託人及受益人。但事實上，還有一種信託關係人也很重要，那就是「信託監察人」。這個角色經常被想要設立信託的民眾忽略，不可不慎。

根據筆者個人的私下了解，過去民眾與銀行簽立信託契約時，並不會考慮設一位信託監察人。原因除了「可能還需要另外支付一筆費用」外，還包括「當事人認爲自己意識清楚，根本沒有需要」。甚至，連受託銀行也不特別堅持。

通常依法來說，除了公益信託一定要設信託監察人（依據《信託法》第75 條規定）外，其餘不論是民事信託或營業信託，可設，也可不設信託監察人。另外，依據《信託法》第 52 條的規定：「受益人不特定、尚未存在，或其他爲保護受益人之利益認有必要時，法院得因利害關係人或檢察官之聲請，選任一人或數人爲信託監察人。但信託行爲定有信託監察人或其選任方法者，從其所定」。

那麼，想要成立信託的民眾，就會有這樣的疑問：我的安養信託合約中，一定要指定信託監察人嗎？理論上來說，答案是「不一定，須視委託人的需求而定」。在信託契約中，指定信託監察人用意，其實是在於保護信託受益

人的利益。這是因為信託財產的任何運用，或是未來修改信託契約，都需要由委託人及信託監察人共同出面申請。所以，假設委託人擔心未來財產遭受不當使用時，是可以指定信託監察人，為自己的信託財產把關，加強對信託財產之保護。

中央警察大學法律系教授，暨台灣家事法學會理事長鄧學仁，也不忘提醒想要成立信託的民眾：信託監察人在信託契約中，雖然是「非必要，但得設」的項目。但是他認為「世事難料」，所以極力建議設信託契約之前，先找好信託監察人，並與其簽好委任的契約，並且將此契約影印本，附在與銀行簽訂的信託主約當中。

信託監察人的功能

綜合各專家的說法，信託監察人具有以下幾大功能及職責：

1. 執行、監督信託契約。根據《信託法》的規定，信託監察人的職責與功能在於「監督信託事務的執行」。也就是說，信託監察人的主要功能在於：負有監督受託人的責任，以保護信託受益人的權益。

正因為信託監察人具有以上的功能，所以在信託期間，受託人必須定期製作結算報告，並提供給信託監察人進行查核。其次在信託期間，如果有任何侵害受益人權益的情形，信託監察人也可以依職權，為受益人提起訴訟。再者，以安養信託為例，信託契約另可約定信託監察人具有「行使同意權」的權利，像是契約修訂、委託人指示、終止契約等，都必須「經過信託監察人的同意」才能辦理。

2. 定期訪視委託人（受益人）。特別是當信託委託人（受益人）失能或

失智時，是可以由信託監察人，來追蹤其後續的生活及照顧品質。

3. 避免信託契約遭人隨意變更或終止。必須設立信託監察人的另一大重點就在於：可以避免委託人（受益人）失能或失智、無法意思表示，但極需要信託契約所給予的照顧及保障時，卻遭人隨意變更或終止。所以，信託業者都會建議有意簽立安養信託的民眾，為了避免日後信託契約遭到任意變更或終止，就可以規劃設立信託監察人，並約定「契約變更或終止，必須經信託監察人的同意」，才能確保信託契約長久的穩定性。

4. 其他。例如與失能、失智者進行溝通，或其他特殊給付項目和理性的審核等。

建議找誰擔任信託監察人？

與受託人相同，信託監察人可以是「自然人」或「法人」。以自然人為例，只要不是「未成年人（不論結婚與否）」、「受監護或輔助宣告之人」或「破產人」，都可以擔任信託監察人。至於法人方面，不論是私法人、財團法人或社團法人，全都可以擔任信託監察人。在此同時，信託監察人也可以「設定順位」。這是因為自然人會有生存時間的限制，而設定順位，則可以確保信託監察人的功能不間斷。當然，如果是委託法人（例如律師、會計師事務所，或是社福團體），由於沒有生存時間的限制，也就沒有必要設定監察人的順位。

一般信託監察人的人選，大多是由委託人所信賴的親友擔任。當然，可以委請專業機構（例如社福團體）或人士（例如律師或會計師）擔任。請所信賴的親友的好處是：對自己有一定的感情存在，也因為具有私人感情，可

以不用另外支付信託監察人的報酬。不過，鄧學仁卻不忘直言其缺點是：如果信託監察人死亡，監督就難以繼續。所以他認為，由法人當監察人的好處有二，一是法人不會死亡，二是法人不容易有「暴走」或自私行為。

目前，已經有一些社福團體，提供委託人「受託擔任監護人或信託監察人」的服務（請見表 2-2-2）。且已有不少銀行的信託部門，都非常積極地與社福團體，透過「異業結盟」的方式，由其（社福團體）擔任信託監察人。其中，非常積極與社福團體合作的臺灣企銀就表示，當初就是考量到膝下無子女，或是子女長期不在身邊、隻身一人在台灣的高齡者困境。而藉由「社福團體擔任信託監察人」的方式、透過公正的第三人進行監督，也更能確保信託財產的管理。

既然信託監察人的角色如此重要，那麼，該怎麼挑選呢？鄧學仁認為，信託監察人的挑選，一定要符合「信任」的原則。而所謂的「信任」，又最好符合以下三項標準最佳：

1.情： 與當事人（委託人）有感情連結，且非常關心當事人。

2.理： 善於管理，也就是對於當事人（委託人）的身體照護或財產管理，都有一定的能力。

3.法： 懂得法律，且不知法犯法。

事實上，正由於高齡長者將財產，交付給受託銀行以「專款專用」，並且由自己擔任受益人（屬於委託人＝受益人的「自益信託」），目的是保障自己的晚年人生。因此，專家便不忘提醒民眾：為加強保護家中失智長輩的財產不被侵奪，可依照高齡長者的狀況，挑選適當且具公信力的社福團體，或信賴親友、專業律師、會計師，擔任安養信託的信託監察人，來監督信託事務的執行，以達到照顧高齡長者之目的。舉例來說，如果高齡長者有失智

表 2-2-1 選擇不同信託監察人的優、缺點

信託監察人	法人		
	社福團體	銀行	
優點	經營永續性，較能配合信託期間長期管理		
缺點	執行管理需配合該法人內部規範或覆核流程，執行時程較冗長，且較無彈性		
專業度	較高	較高	
永續性	無生命極限	無生命極限	
與當事人感情連結度	較高	較低	
收費	多數有	會收費	
優點	1. 除非終止或消滅，不會有自然人死亡、監督工作暫停或停止等問題 2. 具有相關專業，在探訪當事人時，較能察覺出當事人是否有被正確照顧 3. 法人態度較為中立、客觀、就事論事，不易有為一己私利，而傷害當事人的情形	除非終止或消滅，不會有自然人死亡、監督工作暫停或停止等問題，且法人態度較為中立、客觀、就事論事，不易有為一己私利，而傷害當事人的情形	
缺點	要收取一定費用，可能與當事人沒有一定的情感連結，探訪頻率也會有所限制	要收取一定費用，可能與當事人沒有一定的情感連結，探訪頻率也會有所限制	

資料來源：鄧學仁、上海商銀、臺灣企銀

個人（自然人）	
律師、會計師	親友
執行管理程序上較簡易	
自然人生命有限，或因意外事故而無法執行信託監察人事務	
較高	較低
生命有限	生命有限
視情況而定	高
收費較高	可能不用
擁有法律及會計專業	可以不用支付相關費用、對當事人有一定感情連結、較無探訪頻率的限制
收取費用更高，除非原本就熟識，否則可能與當事人，沒有一定的情感連結，探訪頻率也會有所限制	1. 自然人都免不了一死，監督工作會暫停或終止 2. 容易因為個人感情，而產生自私的念頭

的狀況，則可由相關失智症的社福團體擔任信託監察人；假設高齡長者是心智障礙者，則可由相關心智障礙的社福團體擔任信託監察人。

然而，依據衛福部的資料，目前約有 6 家社福團體等單位有提供信託監察人的服務。且目前社福團體因人力及地區遠近等因素，能夠提供服務的範圍及件數是非常有限。所以，現在已有企業（例如威瑞及永平財富管理顧問公司），都有提供「擔任信託監察人」的服務，有需要的民眾，也可以向其洽詢。

擔任信託監察人的酬勞？

目前在《信託法》中，有關信託監察人報酬之規定如下。

1．依信託契約訂定：依私法自治、契約自由原則，若信託行為本身已有訂定者，依其所定數額，為信託監察人的報酬。

2．法院酌定：信託監察人報酬，原則上依信託契約的訂定；如信託契約未訂定，則信託監察人可向法院請求酌給報酬，法院得斟酌其職務的繁簡，以及信託財產狀況，就信託財產酌給相當報酬。儘管信託監察人的報酬，是由委託人與信託監察人自行議定。但是，一般都是有一定價碼存在的。鄧學仁指出，一般信託監察人的收費，分為「申辦費」（律師的收費更高，每小時的談話費行情是6,000～8,000元）、「探視費用」及「行使同意權」的費用。

如果由法人擔任信託監察人，鄧學仁以某社福團體為例指出，目前的收費分「一次性」與「定期」兩種。定期費用是依「探視頻率」為準，一般是「每季一次，每次 1,000 元」。

表 2-2-2 有提供信託監察人服務的社福團體

機構	服務對象	費用
中華民國老人福利推動聯盟	1. 雙北獨居或無家屬的長輩 2. 雙北長輩雖有家屬，但家屬人在國外，或其無法擔任信託監察人一職	有
中華民國智障者家長總會	國內的智能障礙者、自閉症者	有
社團法人中華民國幸福家庭促進協會	台中市民、65 歲以下第一類身心障礙者（不含 65 歲）	有
社團法人台北市康復之友協會	1. 精神障礙者 2. 委託人或受益人之一須為會員	有
財團法人第一社會福利基金會	院內家長及服務對象	無
財團法人心路社會福利基金會	心智障礙者（受益人）及其家屬（委託人）	有
無子西瓜社會福利基金會	無子族群、未婚者、子女不在身邊（個案處理）	無
財團法人天使心家族社會福利基金會	1. 身心障礙者（愛奇兒）及其家庭 2. 委託人家庭須接受過基金會一段時間的服務，且確認需求符合	有
威瑞財富管理顧問（股）公司	特殊需求（涵蓋社福財管投資及稅務等支援服務）的個案	有
永平財富管理顧問（股）公司	一般民眾	有

資料來源：信託公會、無子西瓜社會福利基金會、威瑞及永平財富管理顧問（股）公司

　　至於社福團體或公益協會，有的考量個案特殊家庭因素以及社會公益角度服務，不收取任何費用。但是，部分部分社福團體及民間企業，則訂有各項服務的收費標準，例如每次探訪須支付一定金額。只不過，這部分收費並非公開資料，有興趣找社福團體或民間企業的民眾，必須自行與這些機構一一詢問才行。

信託照妖鏡

交付信託時，一定要設置監察人的條件

★公益信託（強制設立）

★受益人不特定

★受益人尚未存在（為出生子女或未設立法人）

★其他為保護受益人利益，認有必要時……

2-3

信託的分類

1． 依成立方式，分為「契約信託」、「遺囑信託」、「宣言信託」。
2． 依委託人及受益人是否為同一人，分為「自益信託」、「他益信託」。
3． 依「受益人是否特定」，分為「私益信託」、「公益信託」、「慈善信託」。
4． 依主動（積極）或被動（消極），分為「積極信託」、「消極信託」。

　　一般市面上常見的信託商品分類眾多，有的是以「委託人交付的財產」來命名，像是「金錢信託」所交付信託的財產是「金錢」；「有價證券信託」所交付信託的財產是「股票、債券」等有價證券。但是有的是以「委託人成立信託目的」來命名，例如以「退休安養」為目的所成立「退休安養信託」；以「子女教育或創業」為目的，所成立的「子女教育創業信託」；或是以「公益」為目的成立的「公益信託」等。

　　不過在理論上，信託是依以下四種方式進行分類（請見下圖 2-3-1）。

　　1. 依成立的方式，分為「契約信託」、「遺囑信託」與「宣言信託」。這三種信託的的差異及成立流程，請見（表 2-3-1）。

　　2. 依委託人及受益人是否為同一人，分為「自益（委託人＝受益人）信託」與「他益（委託人≠受益人）信託」兩種。前者例如自己成立信託，並且擔任委託人及受益人，以照顧自己退休後生活；後者例如子女（委託人）

圖 2-3-1 信託的四種分類方式

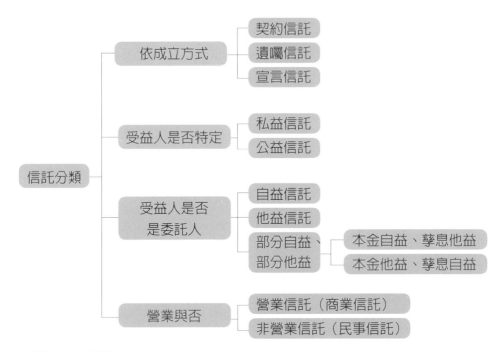

資料整理：李雪雯

表 2-3-1 契約、遺囑與宣言信託

	契約信託	遺囑信託	宣言信託
性質	雙方行為	委託人的單獨行為（立遺囑）	法人的單獨行為（對外宣言）
信託生效	受託人接受財產權的移轉或處分的當下	立遺囑人依《民法》所定的方式，完成設立信託遺囑行為時	法人以其特定財產，為增進公共利益而對外宣言，以自己為委託人及受託人時

資料來源：張齊家

遺囑信託附註：1. 遺囑人死亡後，繼承人 or 遺囑執行人依照遺囑，與受託人簽定契約。
2. 受託人生前與人訂立信託契約，以其死亡為條件或始期，使該信託在其死亡時發生效力。

將孝養長輩的資金，集合起來交付信託、以父母為受益人，以達到奉養父母的目的。

然而除此之外，受益人可以不只一人（也就是可以有「共同受益人」。信託公會所訂的「老人安養信託契約參考範本〔委託人於信託期間喪失財產管理能力適用〕」），有共同受益人的安排。有興趣的讀者，可參考其中，就信託契約安排共同受益人的相關說明），也同時可有「部分自益、部分他益（也就是「自益＋他益」，例如「本金自益、孳息他益」或「本金他益、孳息自益」）等分別。

依據信託公會 2022 年第二季的的信託業務統計顯示，全體信託業務中，以金錢信託約佔 90％ 為最大宗。而「本金自益、孳息他益」與「本金他益、

孳息自益」相比，又以前者（本金自益、孳息他益）較多，且多運用於「有價證券信託（有價證券信託佔全體信託業務約為2%左右）」。也就是說，「本金自益、孳息他益」的信託架構，多數是運用在有價證券信託方面，且設立的目的，主要也是從「分散所得稅」的角度出發。因為這樣的架構可以提早並分期，將所得分散到所得稅課稅級距較低的親屬（例如子女），也同時能夠在贈與稅方面，產生一定的節稅空間。

然而除了節稅考量外，透過這種「本金自益、孳息他益」的信託方式，也能預先規劃將資產傳給下一代，達到「資產傳承」的目的。且更重要的是：除了將每年現金股利移轉給子女，達到資產傳承與節稅的目的外，這樣的有價證券信託架構，也能讓持有有價證券的委託人，達到「控制股權」的好處

圖 2-3-2

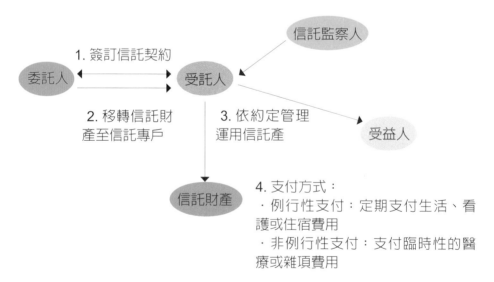

資料來源：信託公會

（相關內容，請見「有價證券信託」）。

　　至於規劃「本金他益、孳息自益」信託的委託人，主要是為了保障自己晚年生活，以及避免後代爭產糾紛，特別提早在生前，就規劃這種「股權本金他益、孳息自益」的信託架構—事先透過信託，約定本金（股權）的受益人，以達到資產分配的目的。而在信託期間，有價證券的孳息，可以做為委託人的生活費；而在信託契約到期時，再將股權移轉出去給信託受益人。

　　3. 依「受益人是否特定」，分為「私益信託（Private Trust）」及「公益信託（Public Trust）或慈善信託（Charitable Trust）」兩種。前者（私益信託）是為委託人自己，或其他特定人的利益，所成立的信託；至於後者（公益信託）的信託目的則是：為了促進一般公眾利益（像是宗教、慈善、技藝）而成立信託。所以，公益信託的受益人，都是一般大眾，而非特定個人。

　　一般來說，公益信託一定是「他益信託」，且目前依法，公益信託的成立，都必須設置信託監察人才行。它與一般人熟知的，因為公益目的而成立的「財團法人」，不論在法人登記、制度及事務執行等上，都是有所不同的（請見表 2-3-2）。

表 2-3-2 公益信託與財團法人比較

	公益信託	財團法人
目的	公共利益	公共利益
法人登記	免向法院為法人登記	需向法院為法人登記，但在登記前，應得主管機關的許可
制度	《信託法》	《民法》
事務執行	受託人	董事
獨立事務所	不用	需要

資料整理、製表：李雪雯

　　4.依主動（積極）或被動（消極），分為「積極（主動，Active Trust）信託」及「消極（被動，Passive Trust）信託」。「積極信託」是委託人，將信託財產交給受託人，而受託人不但承受其權利人的名義，還必須依照成立信託目的所定的權限，負擔積極管理或處分的義務。

　　至於「消極信託」的委託人，只是將其財產的名義移轉給受託人，受託人並不負擔管理或處分的義務，所有信託財產的管理及處分，全由委託人或受益人自行處理。

　　也就是說，「消極信託」的受託人，只不過是信託財產名義上的所有人而已，對該財產不能有任何積極管理及處分的權利。正因為會被利用為脫產工具，我國並不承認這種「消極信託」的存在。

　　5.依營業與否，分為「營業信託（商業信託）」及「非營業信託（民事信託）」。前者（營業信託）是指「以營業為目的，而設立的信託」，目前各銀行兼營信託業務，就是屬於這種信託；至於後者（民事信託），則是不以營業為目的所設的信託（《信託業法》第33條規定：非信託業不得辦理不特定多數人，委託經理第16條之信託業務。但其他法律另有規定者，不在此限）。也就是說，並不是只有經主管機關核准兼營的金融業者（稱為「營業信託」或「商業信託」），才可以當信託契約的委託人。一般法人（例如法律或會計師事務所）及自然人（一般個人），只要是委託人所信賴的人，全都可以擔任信託受託人的角色（稱為「民事信託」）。只不過依照《信託法》的規定，如果是「未成年人」、「受監護或輔助宣告的人」及「破產人」，是不可以擔任受託人的。

　　那麼，營業信託與民事信託，對於委託人來說，到底有何差別呢？簡單來說，有以下三方面的差別：

首先，是在「**法律遵循**」方面。民事信託是受《信託法》所規範，而營業信託則除了接受《信託法》的規範外，還必須受到《信託業法》及相關法令的規範，法令規範會比較多且較嚴密。

其次，在「**監管機關**」方面。民事信託由法院監督，至於營業信託，則是由金融監督管理委員會（簡稱「金管會」），以及相關目的事業主管機關的監督。簡單來說，營業信託的「監督管理公婆」較多。

再者，在「**專業度**」及「**會計透明度**」方面。由於信託財產的管理，牽涉管理能力、法律、會計、投資及稅務等各項領域，因此主管機關除了規定信託業從業人員，必須具備相關資格外，還要取得信託專業證照。

除此之外，主管機關對於營業信託的會計，以及財務報告評估揭露…等，都有嚴格的規定。所以可以這麼說，營業信託不論在信託財產管理的專業度，或是會計及財務透明度上，都比民事信託來得高。

表 2-3-3 民事與營業信託差別

	民事信託	商業信託（營業信託）
信託目的	各類型	各類型
成立方式	契約、遺囑	契約、遺囑
存續期間	依約定	
監督機關	法院	目的事業主管機關（金管會）

資料來源：張齊家

2-4

信託契約簽訂 VS. 承作費用

　　對於想與銀行簽立安養信託契約，但資產卻不高的民眾來說，最便利的方式就是直接使用業者所提供的制式化契約書。但你一定很好奇：「這種制式化契約可以修改嗎？」

　　對此，答案是「可以」。

　　只不過，制式化合約與量身訂做契約（客製化），各有其優缺點，我將在本章向各位說明。

　　根據《信託法》第 2 條的規定，信託的成立，除法律另有規定之外，一律以契約或遺囑為之；且信託契約的訂定，也是以「書面」為準。同時信託契約應記載的內容（重點），主要是以下列幾點為主（《信託業法》第 19 條）：

　·委託人、受託人及受益人的姓名、名稱及住所。
　·信託目的。
　·信託財產之種類、名稱、數量及價額。
　·信託存續期間。
　·信託財產管理及運用方法。
　·信託收益計算、分配時期及方法。
　·信託關係消滅時，信託財產的歸屬及交付方式。
　·受託人的責任。
　·受託人的報酬標準、種類、計算方法、支付時期及方法。

‧各項費用的負擔及其支付方法。

‧信託契約變更、解除及終止的事由。

‧簽訂契約日期。

‧其他法律或主管機關規定事項。

　　雖然目前可以做為信託財產的種類不少，且有價證劵、不動產，甚至是保險理賠金，也一樣可以交付信託。但其中仍以「金錢」所佔的比重最高。其中，在成立「金錢」信託流程中，委託人必須交付（轉帳或匯款）金錢到成立的信託專戶中（該信託專戶戶名為「XX 銀行受託信託財產專戶」），信託契約才算成立。

　　假設委託人，想要把「金錢」以外的信託財產，例如有價證劵（股票、債劵）或不動產（房屋或土地）交付信託，則需要將這些財產，「移轉」到受託人名下。至於財產的移轉方式，會視財產種類而異，例如：委託人將無實體股票交付信託，則需將持有的股票，「劃撥」到受託人之集保帳戶；又例如委託人要將不動產交付信託，則要到地政機關「辦理信託登記」給受託人。

　　此外，無論銀行內、外財產，例如基金、債劵等「投資商品」，委託人如想要成立「金錢」安養信託，都必須先辦理贖回，並將「投資商品」轉換為「金錢」形式再交付信託。假設金錢交付安養信託之後，委託人還想投資同類的商品，也可以再透過「書面」，指示受託人辦理。

信託契約條款的內容、重點

　　根據「信託公會」所公佈的「老人安養信託契約」參考範本，總共有 31

條（其契約條款及內容說明如下表2-4-1）。簡單來說，信託公會所提供的「身心障礙者安養信託契約」範本，只是為了訂定「最低保障規範」，各個信託業者可以依照內部的實務作業，以及客戶的實際需求，調整契約內容及變更條次安排，只不過，所訂契約對於受益人的保障，「得優於（不得低於）」此一範本的規範。（信託公會範本連結 https://www.trust.org.tw/old-disability/trust/4）

例如「當委託人信託財產高於一定金額者，每月可按固定金額收取信託管理費」、「信託財產不得投資於《金融消費者保護法》第11條之二所規定的複雜性高風險商品」，或是「受託人受理運用信託資金投資於受託人所提供的金融商品，不得再向委託人另收信託管理費」等。

也就是說，民眾與不同信託業者訂立契約時，所看到的條款內容，可能都不相同。但以「安養信託」為例，個人認為在這麼多條款中，與簽約民眾（信託委託人）權益密切相關的內容，其一是「受託人權限、義務及責任（特別是「信託財產的管理及運用」、「受託人報酬的計算」、「各項費用負擔及支付方式」，我將會另外單獨進行介紹）」，其二則是「契約的成立、變更、存續期間與終止」的相關條款。因為在這兩部分，各個信託業者所提供的契約內容，多少會有一些差異存在（表2-4-1）。

制式化契約能否修改？注意事項有哪些？

對於一般想與銀行簽立安養信託契約，但資產卻不高的民眾來說，最便利的方式，就是直接使用業者所提供的制式化契約書。但民眾一定很好奇：這種制式化契約可以修改嗎？

表 2-4-1 信託業者提供契約內容的差異比較

契約條款	信託目的、信託財產	信託目的、信託財產、信託財產給付、信託財產給付金額調整、信託關係消滅時剩餘信託財產歸屬
	受託人權限、義務及責任	信託財產管理及運用、告知事項與風險承擔、受託人義務與責任、信託財產報告書及信託財產結算報告書、受託人報酬的計算標準及支付時期、各項費用的負擔及其支付方法、違約、補正及損害賠償、保密、申訴
	信託關係人	信託監察人設置、委託人義務與責任、信託權轉讓及設質的限制
	受益人權限	受益人、信託收益分配的限制及方法、受益權轉讓及設質之限制
	信託期間、變更及終止	信託存續期間、信託契約條款的變更、信託契約終止、委託人受監護宣告或輔助宣告時終止信託的限制
	附屬條款、附表及附件	個人資料保護、印鑑留存、指示與通知、稅捐、適用法令及管轄法院、FATCA 法案之遵循、金融機構執行共同申報及盡職審查作業辦法告知及同意事項、契約解釋、附件的效力、契約正本及影本、其他約定事項【表一、表二、表三、表四、表五級聲明事項】

資料來源：信託公會

　　對此，答案是「可以的」。信託公會秘書長呂蕙容就表示，依照信託契約的精神，合約裡面很多細節的約定，例如未來支付項目與帳戶的指定，可以在訂約之時就先確定。之後，當然可以隨時更動（但如有修改契約，會另外加收一筆「修約費（約 1,000 元）」）。

　　在修改時，如果委託人是「有行為能力」，自己就可更改；但如果屆時委託人「無行為能力」，則只限「有權更改者」，也就是委託人事先指定的人選，或是由法院指定。只不過，如果民眾想要更省錢（不用修約費）、省事，呂蕙容建議在簽訂信託契約時，就採取「彈性約定」的方式。例如委託人原本希望入住某養老機構，但怕到時入住機構沒有空位，而必須改住其他養老機構。這時，可以在合約中，先設定第一優先選項，再多設幾個次要選項。

　　又例如擔心自己未來失智之後，匯到自己帳戶裡的錢，並不能真正用在自己身上，就可以事先約定「未來自己無行為能力時，誰有權可以動支這筆信託財產」？或是哪些「有權人」，可以憑單據向信託機構申請款項？

　　正由於制式化安養信託契約，存有「不夠彈性」的缺點，再加上修約會有一定的成本。所以，假設制式化契約不符民眾的需求，就只有走「客製化」合約一途。然而，客製化契約正由於「彈性可無限大」，如果當事人的需求沒有辦法具體（因為內容越具體，受託銀行也越容易執行，也越能符合委託人的需求），也可能會影響信託合約的執行；且日後若想修改，也可能會「工程耗大」，而有一定的成本。所以，一開始的設計與訂定，就非常重要。這部分，就有賴銀行信託部門有經驗的承辦人員，與委託人多次討論之後，才能夠在「委託人需求」，以及「受託人能做之事」間取得平衡，再落實到合約之中。

　　當然，也因為客製化信託契約耗費許多人力及時間，收取的信託管理費

（通常是依受託銀行負責執行任務數量及困難數而定），自然也會比較高。比較不是一般中產階級退休規劃者會採用。

信託契約的變更、終止

最後，信託契約既然有開始（成立），當然也會有終止及變更的情形。一般來說，信託契約終止的條件，有「選擇終止」及「當然終止」兩種（請見表 2-4-2）。

不過，儘管信託契約可以由委託人選擇「隨時終止」，但是在「自益信託」、「他益信託」與「自益＋他益信託」的做法上，還是值得想要成立安養信託民眾再三注意以下的重點：

以自益信託為例，由於信託受益權，是由訂約人（委託人）完全享有，因此，委託人可以隨時修改或終止契約。至於後兩者，由於這種信託的受益人，除了委託人本人之外，還有其他受益人（信託受益權並非由委託人單獨享有），一旦修改或終止信託契約，可能就會影響其他受益人的權益。所以這兩種契約的終止及修改，原則上不能由委託人隨意進行，必須經全體受益人同意才行。

至於信託契約的變更，一般在信託契約簽訂之後，並不是完全不能變更。根據業者的說法，信託契約可以依照委託人的需求規劃，約定在信託契約中。假設沒有特別的約定，那麼，所有信託契約修改，都由契約全體當事人共同協議變更。實務上，簽訂完信託契約後，委託人會變更的項目多為：存續期間、定期或特別給付項目、給付金額等。

又例如受益人的變更，當「委託人≠受益人」的他益信託，委託人除了

信託行為「另有保留」之外，在信託成立後，就不得變更受益人，或是終止
信託契約。當然，也不得處分受益人的權利（但經受益人同意者，不在此限，
參考《信託法》第 3 條）。

除了受益人的變更，以及終止信託契約外，信託財產的管理方法，也可
以經由委託人、受託人及受益人的同意而變更（《信託法》第 15 條）。只
不過，當信託財產的管理方法變更，導致不符合受益人的利益時，委託人、
受益人或受託人，都可以聲請法院進行變更（《信託法》第 16 條）。

表 2-4-2 信託契約的終止條件

選擇終止	1. 不得提前終止 2. 得隨時終止，並以書面通知受託人，且多數契約會約定契約終止，需得到信託監察人的同意
當然終止	1. 委託人死亡 2. 不可抗力原因，使信託目的無法達成 3. 受託人無法履行義務

資料整理、製表：李雪雯

信託契約設立的相關費用、承作門檻

對於信託業務有興趣的一般大眾，可能會相當關心成立信託的相關費
用。一般來說，民眾在與信託業者簽立契約時，依法會收取以下三種費用：

1. 簽約費：這是在簽訂信託契約時，所收取的費用。目前一般安養信託
的簽約費，大多是 3,000 ～ 5,000 元左右。至於有些銀行推出的「預開型安
養信託」，這筆簽約費還可以低到 1,000 元。

2. 信託管理費：依客戶交付之信託資產種類、規模，以及管理方式等因

素而定。目前，信託管理費是按每月底的「信託財產餘額」，以年率 0.3%（最低還有收 0.2% 的）～ 0.5%（最高有收 0.6%）逐月扣收取。但是，一般是按信託資產規模高低計算：例如 1,000 萬元以下，管理費約每年 0.5%、1,000 ～ 3,000 萬元約每年 0.4%、3,000 萬元以上約每年 0.3%，視各家金融機構而定。

3. 修約費：客戶申請修改信託契約時，信託業者（銀行）會視委託人修改契約的內容，酌收一筆修約費。目前一般的行情是：每次收取 1,000 元的費用。

另外，值得對此業務有興趣民眾注意的是：一般制式化安養信託契約受託銀行的功能，就只有支付生活費、安養機構費用及醫療費用（需要提供單據並實報實銷）。客戶如有其他需求，雖然可以量身訂製合約，但是，信託管理費及簽約金門檻也會比較高。至於各銀行信託部門高齡安養信託收費標準，請見信託公會網頁。

一般來說，安養信託理論上並沒有最低承作的金額門檻的限制。只不過，有些銀行考量信託金額太低，較難達到信託的效益，會設定以 30 萬元為最低承作金額；但隨著「信託 2.0」計畫上路之後，已經有更多的信託業者（銀行），沒有設立任何最低承作門檻的金額限制。

儘管升息之後，以銀行一年期定存利率（固定約為 1.35%）為例，假設以 50 萬元交付信託，每個月可以獲得 562 元的利息；再以信託管理費年利率 0.5% 計算，每月扣掉支付成本 208 元，對於委託人的負擔，也不致於太大。但是，個人將財產交付信託，都必須支付一定的費用成本（包括訂約時的簽約費、每年的信託管理費用，以及修改契約所要支付的修約費等），同時信託財產又需支付受益人每月生活費用。當財產不多時，恐怕日後就難以支應長期的生活。

2-5

信託給付 VS. 稅負

　　透過訂定契約的方式成立信託，內容極具彈性，好處也很多，只是具體內容必須透過與專業人士洽談才能確定。而這當中相當重要的是：它還能抵稅……，想不到吧？！

　　一般來說，委託人在與受託人簽訂信託契約，並且信託契約開始啟動之後，受託人（銀行）就會依照契約中，有關「信託給付」所約定的金額，撥付到受益人（通常也是委託人）所指定的帳戶之中。

　　不過，在「信託支付」方面，每一家銀行的做法也略有不同。例如有的銀行，是依照「生活費」、「養護費」及「教育、醫療費」。有些銀行，則是分「定期給付（包括開始給付時間、給付頻率及給付金額）」，以及「特別給付」項目（固定的是生日祝壽金、醫療補助金、教育補助金與「其他」）。參見（圖 2-5-1）

信託給付標準、選項

　　再者，於「其他」給付下，有的只列一項「開放式」選項，有些銀行的契約中，可能有三項「開放式」選項，由委託人自行填寫的給付項目。假設

圖 2-5-1 委託人有以下特殊需求，也可以提領信託財產

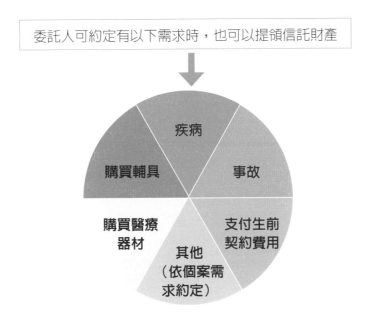

委託人可約定有以下需求時，也可以提領信託財產

疾病

事故

購買輔具

支付生前
契約費用

購買醫療
器材

其他
（依個案需
求約定）

資料來源：信託公會

委託人填寫超過規定，就必須透過量身訂做的契約（有修約費≠量身訂做），來滿足委託人的特殊需求。但是，有的銀行允許委託人「檢具單據或其他合理說明」即可；或是寫明「只要在醫療、養護、看護及其他的範圍內」，只要「檢具單據或其他合理說明」及「由委託人經信託監察人書面同意申請」即可。

事實上，就算是給付金額或頻率固定，安養信託契約也允許委託人，可以預先約定「得調整信託財產給付金額」事項（圖2-5-2），這就是所謂的「裁量權信託」。

圖 2-5-2 委託人可預先約定得調整信託財產給付金額事項

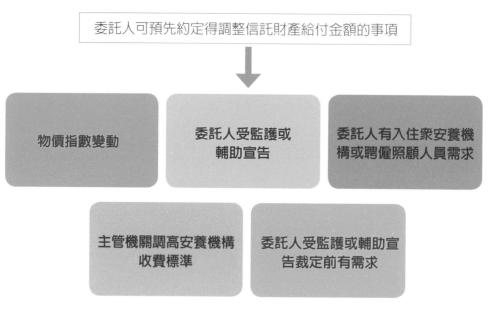

資料來源：信託公會

在安養信託契約中，有「給付裁量權」條款的合作金庫解釋，契約中會設定一個「裁量權的區間（例如 10 萬元以內）」。是假設未來，委託人（受益人）提出單據申請給付時，會由受託人及信託監察人雙方共同決定（審核）。假設委託人（受益人）無意識行為能力，則是由信託監察人提出申請，再由受託人決定是否給付。

信託的稅負

提到信託的課稅，其實都可以寫成一大本厚厚的書了。且我擔心讀者看了會睡著。所以，在此只大略提及信託的基本課稅原則。至於民眾在與信託業者（銀行）實際簽立信託契約之後，銀行信託部門的人員，都會提醒當事人在一定期間（例如簽約時、信託期間或發生所得時），繳交相關的稅負。

簡單來說，信託的課稅原則有以下三大重點：

1.實質課稅：他益信託應課贈與稅；信託孳息部分則由受益人負擔所得稅。

2.發生時課稅：發生贈與（他益信託簽約日）或繼承（遺囑信託立遺囑人身故日）時，課徵贈與稅或遺產稅；至於所得稅，原則上是所得發生年度課徵。

3.稽徵便利：例如地價稅、房屋稅、契稅等持有時課稅項目，信託期間以受託人為納稅義務人。

申辦信託，何時會需要課稅？

而從以上信託課稅原則及信託架構上來看，委託人或受益人較常遇到的稅負，會因為以下三個時期，而分別有「贈與稅」、「所得稅」及「遺產稅」三種。

1.「簽訂契約」時：如果是「自益信託」，因為不牽涉到贈與問題，在信託成立時，是不用課贈與稅。但如果是「他益信託」，依照《遺產及贈與

表 2-5-1 各種信託課稅簡表

	課徵規定
贈與稅	自然人的他益信託
遺產稅	遺囑信託
	信託期間受益人死亡
所得稅	信託財產發生收入（存續期間）
土增稅	信託關係人間形式移轉：不課稅
	有償移轉、設立典權、轉為受託人自有
	移轉給委託人；遺囑信託移轉給受益人或權利歸屬人都不課稅
	移轉給委託人以外的權利歸屬人
契稅	信託關係人間形式移轉：不課稅
	移轉委託人：免課稅
	移轉給委託人以外的歸屬權利人

資料整理、製表：李雪雯

項目、標的	課徵對象	課徵時點
	委託人（贈與人）	1. 訂約日（自始他益） 2. 契約變更日（中途轉他益或中途增加）
信託財產	遺囑執行人或繼承人	遺囑人死亡時
享有信託利益的權利未領受部分	繼承人或受遺贈人、遺產管理人	受益人死亡時
	受益人	原則：所得發生年度
		例外：實際分配時
信託成立或不成立、無效、解除、撤銷	—	—
信託存續期間	受託人	契約移轉日
信託消滅、歸屬	—	—
	歸屬權利人	移轉契約日
信託成立或不成立、無效、解除、撤銷	—	—
存續期間或信託消滅、歸屬	—	—
	歸屬權利人	估價立契日

稅法》的規定，由於涉及到贈與問題，委託人必須注意信託財產，是否因為超過年度免稅額度，而衍生出贈與稅的問題（自益信託則無）。

2.「信託存續」期間：信託財產因為管理所產生的孳息，都要併入受益人當年度的所得中申報課稅。例如受託人管理及運用信託財產時，其所產生的銀行存款利息、股票股利等，將由受託銀行轉開扣繳憑單給受益人，併入受益人當年度個人綜合所得中申報。又例如是他益信託，每次追加信託財產時，都要計入委託人年度贈與總額中計算。假設委託人年度贈與總額，沒有超過賦稅主管機關所定的每年贈與免稅額度，就不用繳納贈與稅。

但如果是不動產，在信託的存續期間內，信託財產（不動產）本身所需繳納的稅負，像是土地相關的地價稅、房屋相關的房屋稅，依法，都可以約定由受託人以信託財產繳納，或是請委託人繳納。

3.「受益人過世」時：信託存續期間「受益人過世」時，所剩餘的信託財產，會成為受益人的遺產，依法必須列入其遺產中課徵遺產稅（參見表2-5-1）。

信託照妖鏡 $

信託流程及規劃注意事項

　　一般來說，不論當事人有沒有年滿 55 歲，都可以向信託業者（銀行）申請安養信託業務（當然，身心障礙者也一樣可以辦理）。至於「簽約前規劃事項」，以及「辦理信託的流程及注意事項」，個人建議可以參考信託公會（圖 1），以及中華民國智障者家長總會（簡稱「智總」）所提供的資訊（圖 2）。

圖 1 簽約前規劃事項

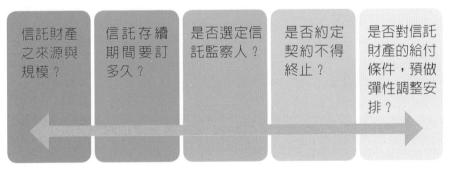

信託財產之來源與規模？

信託存續期間要訂多久？

是否選定信託監察人？

是否約定契約不得終止？

是否對信託財產的給付條件，預做彈性調整安排？

資料來源：信託公會

圖 2 辦理信託注意事項及流程

| 01
思考信託目的 | 1. 思考目前及未來的生活照顧選擇及所需花費？
2. 是否有收入來源，或福利津貼補助？ |

| 02
評估交付信託
的財產種類
與金額 | 評估家屬或個人名下，可以用來支付信託的財產種類及財產金額，例如金錢、保險金等 |

| 03
尋找合適的
受託人 | 1. 受託人可以是自然或法人（信託業者）
2. 若以信託業者擔任受託人，需了解受託人可接受的信託財產種類、辦理的最低金額、管理方式、簽約費及管理費等 |

| 04
尋找合適的
信託監察人 | 建議以委託人＝受益人的信託契約，需安排信託監察人，預防信託契約擔任變更或終止 |

| 05
與受託人及信
託監察人討論
信託契約內容
規劃 | 特別需討論的信託內容包括：
1. 財產管理運作方式
2. 信託利益給付方式，例如定期將多少金額匯入受益人帳戶，或直接撥付養護機構 |

| 06
簽訂契約 | 簽約時，若委託人為未成年人，須由法定代理人簽章同意：若為受監護或輔助宣告之人，須由監護人或輔助人簽章同意 |

| 07
交付信託財產
& 信託生效 | 簽訂契約後，須完成交付信託財產給受託人，信託契約始生效力 |

資料來源：智總

Chapter 3

信託基礎：業務篇

在「信託基礎：觀念篇」裡，我曾交待過信託業務的分類，是以「委託人所交付的信託財產」區分。而根據《信託業法》第16條，以下幾類財產都可做為信託財產：

◆金錢

◆金錢債權及其擔保物權

◆有價證券

◆動產

◆不動產

◆租賃權或地上權

◆專利權或著作權

◆其他財產權

接下來，我將逐步介紹幾個，現在信託業者（銀行）推出的，與「個人退休規劃」相關的信託業務──金錢信託（包括「指單帳戶」、「集管帳戶」及「員工福利信託」）、不動產信託、有價證券信託及保險金信託。

3-1

特定、指定、不指定金錢信託

國內信託業者（銀行）所推出的信託業務，主要集中在「金錢信託」、「不動產信託」及「有價證券信託」三大類。動產信託業務量是零，至於其他信託業務，佔總體承做金額連 0.1% 都不到（約佔 0.08%）。

根據信託公會的統計資料顯示，截至 2022 年第二季，整體信託業務總金額為 11.9 兆多元台幣，比第一季增加了 3,000 億元左右。其中，金錢信託（包括證券及期貨投資信託基金保管）就有 10 兆多元，幾乎是整體信託業務的 88.4%。而扣除證券及期貨投資信託基金保管部分的特定金錢信託部分，也高達近 5.4 兆元，約佔總體信託業務的 44.9%（請見表 3-1-1）。

信託資產投資運用：特定、指定、不指定運信託

然而，同樣是「金錢信託」，但根據《信託業法施行細則》第 7 條的規定，金錢信託可以依據「委託人有無運用決定權」，而有「指定」、「不指定」及「特定」的分類（請見表 3-1-2）：

此外，金錢信託除了「特定」、「指定」與「不指定」的區別外，還可以依照「單獨」與「集合」帳戶進行區分。其中，「單獨管理運用」及「集

表 3-1-1 信託業整體及各項業務金額　　　　　單位：百萬台幣

	111 年第二季	佔比
金錢信託（不含證投信、期信基金保管）	5,392,890	44.9%
金錢信託：證券投資信託基金保管	5,197,469	43.3%
金錢信託：期貨信託基金保管	21,246	0.2%
整體金錢信託	10,611,605	88.4%
金錢債權及其擔保物權信託	12,971	0.1%
有價證券信託	207,332	1.7%
動產信託	0	—
不動產信託：不動產資產信託	0	—
不動產信託：其他不動產信託	1,149,455	9.6%
其它信託業務	9,891	0.08%
合計	11,991,254	—

說明：以上百分比四捨五入至第二位

資料來源：信託公會

表 3-1-2 三種金錢信託的「運用決定權」比較

	運用決定權（投資決策權）	指示
指定	委託人（客戶）	概括指示 [1]
不指定 [2]	受託人（銀行信託部）	—
特定	委託人（客戶）	具體指示 [3]

1. 「概括指示」與「具體指示」類似，資金運用的指示範圍，會比「具體指示」還要寬，但仍是由委託人提出。
2. 「不指定（用途）信託」是指委託人不下任何指示，但受託信託機構在資金的運用上，只能投資於現金、銀行存款、公債、公司債、金融債券、短期票券等標的上。
3. 「具體指示」是指「委託人必須明確指是什麼時間、以多少價格，買賣哪一種金融商品」？

合管理運用」的分別在於：信託財產的管理運用方法不同。以本書所著重的「安養信託」爲例，因爲是受託人與個別委託人訂定信託契約，且單獨管理運用其信託財產，所以是屬於「單獨管理運用信託」。

　　至於「集合管理運用信託」，則是指受託人依信託契約的約定，將不同信託行爲的信託財產，依照其投資運用範圍或性質相同部分，進行「集合管理運用」。另外根據《信託業法施行細則》第8條，以上三種類型（指定、不指定及特定），再與「單獨」及「集合」兩種運用方法交叉組合之下，會有以下六種的區別，其分類及差異請見（圖3-1-1）與（表3-1-3）：

圖 3-1-1 金錢信託分類

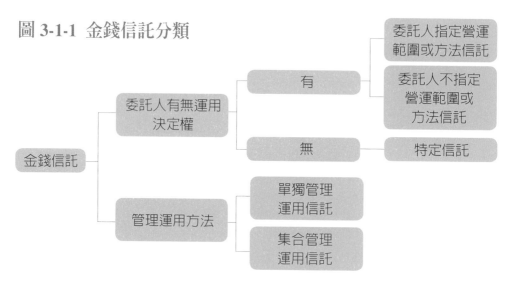

資料來源：《高齡金融規劃法規及實務解析》第 212-213 頁
法 條：https://www.lawbank.com.tw/treatise/lawrela.aspx?lsid=FL020527&ldate=20020709&lno=7,8,12

表 3-1-3 金錢信託差異

指定／特定	管理帳戶	委託人指定方法	信託財產運用決定權	國內現有業務舉例
指定	單獨	概括指定	受託人	指定單獨管理運用帳戶
指定	集合	概括指定	受託人	─
不指定	單獨	不指定	受託人在信託目的範圍內決定	─
不指定	集合	不指定	受託人在《信託業法》第32條第一項規定營運範圍內決定	─
特定	單獨	保留運用決定權	委託人或委任第三人	投資人透過銀行投資基金或境外結構型商品
特定	集合	保留運用決定權	委託人或委任第三人	─

資料整理、製表：李雪雯

　　1.指定營運範圍或方法的單獨管理運用金錢信託（也就是一般業界所指的「指單帳戶（業務）」）：受託人與委託人個別訂定信託契約，由委託人「概括指定」信託資金的營運範圍或方法，且受託人只有在委託人所指定的營運範圍或方法內，具有運用決定權及單獨管理運用。

　　2.指定營運範圍或方法的集合管理運用金錢信託（也就是一般業界所指的「集合（管理）帳戶（業務）」）：委託人概括指定信託資金營運範圍或方法，並由受託人將信託資金，與其他不同信託行為的信託資金，就其營運

範圍或方法相同的部分，設置集合管理運用帳戶，且受託人對於該集合管理運用帳戶，具有運用決定權。

3. **不指定營運範圍或方法的單獨管理運用金錢信託**：委託人不指定信託資金的營運範圍或方法，完全由受託人在信託目的範圍內，對信託資金具有運用決定權及單獨管理運用。

4. **不指定營運範圍或方法的集合管理運用金錢信託**：委託人不指定信託資金的營運範圍或方法，由受託人將該信託資金，與其他不同信託行為的信託資金，在《信託業法》第 32 條第一項規定的營運範圍內 1，設置集合管理運用帳戶，受託人對於該集合管理運用帳戶，具有運用決定權。

5. **特定單獨管理運用金錢信託（也就是一般國人透過銀行，投資國內、外共同基金、ETF 的「特定金錢信託（俗稱「特金」）業務」**：委託人對信託資金保留運用決定權，並約定由委託人本人或其委任的第三人，對該信託資金的營運範圍或方法，就投資標的、運用方式、金額、條件、期間等事項，進行具體、特定的運用指示，並由受託人依委託人的運用指示，進行信託資金的管理或處分。簡單來說，特定金錢信託的金錢運用方式和用途，是由委託人「特別具體指定」，受託人只能根據委託人指定的用途，運用信託財產。

6. **特定集合管理運用金錢信託**：委託人對信託資金保留運用決定權，並約定由委託人本人或其委任之第三人，對該信託資金的營運範圍或方法，就投資標的、運用方式、金額、條件、期間等事項，進行具體特定的運用指示，受託人並將該信託資金，與其他不同信託行為的信託資金，就其特定營運範圍或方法相同部分，設置集合管理帳戶。

不過，在這麼多特金、指定、不指定金錢信託業務中，一般民眾最常見及使用的信託業務，就只有以下三種：特定金錢信託、指定單獨管理運用金

錢信託（簡稱「指單帳戶」）及指定集合管理運用金錢信託（簡稱「集管帳戶」）。

看到幾個跟「信託」有關的名詞，也許讀者會問：對投資人來說，特定金錢信託，與「指定營運範圍或方法的單獨或集合管理運用金錢信託」的運作，到底有何差異呢？

事實上，除了三者間的收費或有不同外，對於一般投資人來說的最大差異，就在於其帳戶形態及運作方式。所謂的「指定」，也就是委託人（投資人）指定一個範圍，再由銀行的投資團隊「代操」，機動性地進行投資標的、買賣時點與股債比的調整。而與「指定」相對的，則是一般投資人所熟知的「特定」金錢信託，而特定金錢信託的投資標的、買賣時點或股債比配置，則完全由投資人自行決定。

至於「單獨」與「集合」帳戶之間的差異，則是「指定單獨管理運用金錢信託」帳戶的每一位委託人（投資人），都有一個獨立且資料透明的財務帳戶。委託人可以透過這個帳戶，了解自己的資金，持有哪些投資標的？而與「單獨」帳戶相對的，則是「集合管理運用金錢信託」帳戶。所以，投資人其實可以把「集合管理運用帳戶」，看成是一個個「共同基金」的概念。

那麼，「指定用途金錢信託」採取「單獨」或「集合」帳戶，對於投資人來說，到底有何差別或好處呢？以「指定單獨」帳戶為例，每一位投資人都可以清楚看到名下的所有持有標的（基金或 ETF），但「指定集合」的投資人，則只能獲得每日帳戶的淨值資料。

此外，兩者的操作（決定投資標的）模式，也有一定的差異。「指定集合」帳戶的投資經理人，就跟基金經理一樣，會幫投資人選擇「一籃子標的」，同時自行在適當的時點，進行買進或賣出的決定。而由於「指定單獨」帳戶

表 3-1-4 特定、指單與集合管理金錢信託的比較

	特定金錢信託
針對對象	一般投資人，可公開打廣告
帳戶	單獨（投資人名義）
投資模式	投資人自行投資
標的買賣決定	投資人自行決定
投資標的	主管機關核准的基金或 ETF 為主
申購手續費（外加、前收型）	1.5% ～ 3%
保管銀行費（內含）	0% ～ 0.2%
基金管理費（內含）1	股票型：1% ～ 2% 債券型：1% ～ 1.5% 以上視基金規模大小而定
信託管理費	基金贖回時收 0.2%
轉換手續費	同一家轉換手續費：0.5% ～ 1%
贖回手續費	贖回手續費：0.5%（目標到期債券型基金提前贖回約 2%）
稅負	境內基金：利息、股利所得、海外所得 境外基金：海外所得，只在有實際收益時才課稅

1 這筆費用是基金公司收取，並非銀行信託部門額外向投資人收取。
2 所得稅：在所得發生年度，而非收益分配年度課徵。證交稅：由於受益權證並不是有價證券，
資料整理、製表：李雪雯

指定集合管理運用金錢信託（集管帳戶）	指定單獨管理運用金錢信託（指單帳戶）
銀行信託客戶，不得公開打廣告	一般投資人，可公開打廣告
集合（受託人名義）	單獨（投資人名義）
主要是投資經理人決定投資標的與買賣時點	主要是機器人透過大數據方式選選擇股債比，並進行自動再平衡
投資經理人決定	透過自動再平衡機制
依《信託資金集合管理運用管理辦法》第 9 條規定，以具有次級交易市場的投資標的為原則（如股票、基金、ETFs、債券等）	主管機關核准的基金或 ETF 為主
1% ～ 2.5% 之間，依帳戶類型及持有時間而有所不同	無
無，信託業自行保管信託財產，不另外收費	無
視帳戶設計而定，一般來說，目標到期債帳戶為 0.85%，組合型帳戶約為 1% ～ 1.6%	0.79% ～ 1%
無（未開放辦理轉換）或 500 元台幣，或等值外幣	無
視投資標的或是否定期定額贖回而定	無
利息、股利所得稅、海外所得，並依所得稅法，於所得發生年度課稅 2	

所以不需繳交證交稅。其他：信託帳戶終止、分配、清算後，信託財產依一般信託方式課稅。

的投資人人數眾多，主要是由所謂的「理財機器人」，透過大數據的運用，從上千檔標的回測數據中，提供數個或數十個「投資組合」供投資人選擇。之後，則是透過「自動再平衡」的機制，代客戶進行停損、停利動作（相關比較請見表 3-1-4）。

特定金錢信託

前面曾經提到，國內信託業者所承做的信託業務中，以金錢信託為最大宗（佔比 88.4%），且又以特定金錢信託業務最多。講白了，所謂的特定金錢信託，就是一般投資人透過銀行，進行國內、外共同基金、ETF 等標的的投資（其架構、運作流程及重眼，請參見圖 3-1-2）。因為投資人最為熟悉，我在這裡就不另外多做解說。

指單帳戶：新手也能享有「專家代操」的好處

對於廣大工作忙碌，或沒有太多時間自行做功課的投資人來說，有關投資最傷腦筋之處，就在於「選擇標的」及「買賣時點」。特別是市場上的投資標的，光是基金或 ETF，就有數千及上萬檔。但偏偏這兩大重點，又事關投資的獲利與否。

事實上，若要論具有「代操」功能的銀行信託業務，一個是這裡介紹的「指定單獨管理運用金錢信託（簡稱指單帳戶）」業務，另一個則是之後會接著介紹的「指定集合管理運用帳戶（簡稱「集合（管）帳戶」）」業務（請見表 3-1-5）。

圖 3-1-2 特定金錢信託運作架構

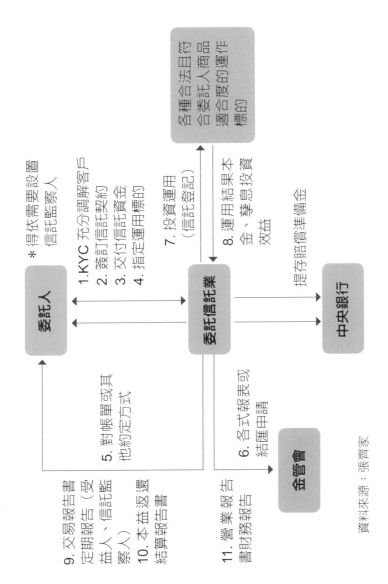

＊得依需要設置
信託監察人

1.KYC 充分調解客戶
2.簽訂信託契約
3.交付信託資金
4.指定運用標的

委託人

委託信託業

5. 對帳單或其
他約定方式

7. 投資運用
（信託登記）

8. 運用結果本
金、孳息投資
效益

各種合法目符
合委託人商品
適合度的運作
標的

提存賠償準備金

中央銀行

9. 交易報告書（受
益人、信託監
察人）
定期報告
10. 本益返還
結算報告書

6. 各式報表或
結匯申請

金管會

11. 營業報告
書財務報告

資料來源：張齊家

表 3-1-5　二家銀行信託部「指定單獨管理運用金錢信託」的比較

	中國信託	台北富邦
帳戶名稱	智動 GO	奈米投
2022 年 4 月份資產規模	約 30 億元	約 30 億元
投資組合	目標 6 個、退休 6 個、安鑫策略 2 個、富利策略 2 個、趨勢策略 2 個，各有台幣及美金帳戶，總共有 36 個組合	奈米 1 號 4 個、奈米 2 號 4 個，各有台幣及美金帳戶，共 16 個
投資建議專業團隊	中國信託銀行	富邦投信及英國 Nutmeg 智能理財服務平台
投資標的	一籃子共同基金	一籃子 ETF
單一投資組合標的數	4 ～ 15 個基金	10 ～ 15 檔 ETF
信託管理費	0.79% ～ 1%	0.88% ～ 1%
最低門檻	台幣：1,000 元 美元：200 美元	台幣：1,000 元 美元：35 美元
單一投資組合投資金額上限	1,000 萬元	1,000 萬元

說明：根據信託公會資料，指定單獨管理運用金錢信託業務，以中國信託及台北富邦兩家銀行業務最多。

資料來源：中國信託銀行「智動 GO」、台北富邦銀行「奈米投」

　　為什麼說它是「類似代客投資操作」？這是因為首先，真正全委操作可以投資的標的，除了主管機關所核准的基金或 ETF 外，還可以包括國內外股票及債券等，範圍會更廣。

　　其次，這兩家銀行信託部門所推出的「指定單獨管理運用金錢信託」業務，其實都是一種結合「機器人（投資）理財」的概念。也就是投資人直接在線上開戶（或連結已有的銀行帳戶），在透過一些線上的需求分析與問卷回答之後，電腦系統就會幫投資人，選出一個（或多個）最適合其投資屬性及需求的「投資組合」。至於這一個個「投資組合」內標的的選擇，則是依據不同標的過去績效的「回測」，並以表現最好標的，納入到不同的投資組合中。

　　當然，過往「回測」的績效表現，並不能 100% 代表或保證未來收益，且這種「小額代操」模式，仍舊與「由經理人替投資人決定股債比、投資標的與買賣時點」的全委代操之間，還存有滿大的距離與差異。不過至少，還有以下三大優點特色：

　　特色 1 · 能夠「簡化各種理財目標的步驟」。任何投資人可以線上開戶、並進行 KYC 的問卷，找到適合自己的投資方案，大幅降低了進入障礙。

　　舉例來說，客戶可以設定自己的理財目標，像是一年後要存 10 萬元的結婚基金、五年後要存到一定金額的購屋頭期款，甚至是 20、30 年後的退休規劃，銀行端的 AI 智慧投資系統，就可以依照一籃子標的的績效表現，幫助投資人得出「現在每月該投入多少資金」及「建議的投資組合」，讓投資人更容易透過明確的指示及投資，開始逐步落實不同的理財計畫。

　　特色 2 · 幫忙客戶從「眾多標的中選擇具有上漲潛力」的標的，免去投資人選擇標的的問題及困難。一直以來，一般投資大眾最傷腦筋之處，就在

於「如何從茫茫投資標的中，選擇出最具獲利潛力的標的」。

業者表示，指單帳戶是委由專業團隊代操，每月投資會議會與外部專家討論，再替客戶決定投資比重及進行調整。這樣的模式對於資金不多，又沒有時間或專業，從眾多茫茫投資標的中挑選的投資人來，的確可以讓他們更為便利地，達到所想獲得的理財目標。

特色3‧這些小額代操模式，均集中強調「再平衡機制」的優點。除了「買什麼」之外，投資散戶最傷腦筋的，就在於「何時該買賣」？而所謂「自動再平衡」，就是透過電腦系統自動幫客戶的股債比，隨時處於固定的比例。

舉例來說，假設客戶原本的股債比是8：2，當股市大漲之際，股債比來到9：1時，電腦系統就會主動幫客戶「賣出部分股票、多買進一些債券」的方式，讓股債比依舊能維持在8：2之上。

一般來說，會觸發「再平衡機制」的情況，有以下四種：投資市場波動、投資人的風險屬性改變、投資標的調整（例如當基金表現落後，或是遇到狀態改變，像是清算、額度管控等），以及專業團隊評估需要進行調整時。所以，代操機構會隨時依市場狀況，新增或剔除投資組合中的標的。

當然，讀者也可以說，這種「再平衡機制」，不見得能讓客戶的資產極大化。因為，當股市往上漲時，再平衡機制反而把股票賣出，一旦股票持續上漲，反而有可能讓客戶失去了「長期投資以賺取更高獲利」的機會。不過至少，這種「自動再平衡」的機制，的確可以讓投資人，去除掉一直以來，心裡上最難以克服的「該買不敢買，該賣不敢賣」困擾。

儘管這類「小額代操」服務，是一個個由「電腦（機器人）選」的「投資組合」，再推薦給不同風險屬性及理財需求的投資人。但是，透過這兩家

金融機構所提供的服務內容，還是有一些小小的差異，值得對此模式有興趣的投資人參考、比較。

差異 1‧投資組合裡的「一籃子標的」不同。以目前推出「指定單獨管理運用金錢信託」業務量最大的中國信託銀行，以及台北富邦銀行為例，兩者的投資組合數各有不同，且一個只投資在「一籃子共同基金（中國信託銀行）」，另一個則只集中投資在「一籃子 ETF（台北富邦銀行）」。

差異 2‧個別投資人投資組合內容的差異。一般來說，儘管每一位投資人進場（買進不同投資組合）的時點及金額不同，申購同一個投資組合的投資人，名下投資組合裡的標的比重及標的內容，應該是不會有太大差異。

差異 3‧提供專業投資意見的團隊不同。如果是由銀行推出的「指定單獨管理運用金錢信託帳戶」，專業代操團隊幾乎都是由金控旗下的投信（台北富邦銀行是富邦投信，及英國 Nutmeg 智能理財服務平台），或內部投資團隊（中國信託銀行），提供專業投資意見。

最後，也許一般大眾會說：不論是「投資人只能從多個投資組合中挑選，且只要選擇同一投資組合的投資人，組合內的投資標的都幾乎一樣」，或是所謂的「再平衡機制」，還是與真正「幫客戶決定股債比、投資標的及買賣時點」的全委代操，還有一段相當大的距離。

但是，透過銀行信託方式的最大優點，就是當它在與個人信託業務結合之際，可以起到「財產保全」的重要功能（當然，投資人多一道信託契約，也需要多支付一筆信託管理費用）。此外，委託人（投資人）也可進一步與銀行約定，將投資海外債券所取得的利息贈與給第三人（也就是「本金自益、孳息他益」信託），進一步讓指定單獨信託業務，能達到極具客製化的資金規劃與管理功能。

圖 3-1-3 集合管理運用帳戶架構

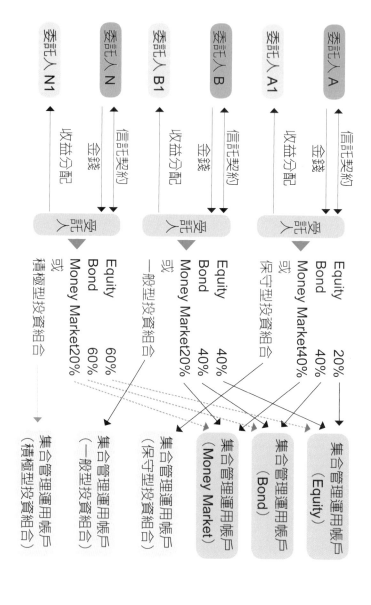

資料來源：邱奕德

集管帳戶：全委代操服務，銀行信託部門的隱藏版

所謂「（指定）集合管理運用帳戶」的設立，是依據金管會用來規範「指定集合管理運用金錢信託」，以及「不指定集合管理運用金錢信託」運作，而訂定的「信託資金集合管理運用管理辦法」。另外，依照《信託業法》第28條的規定，委託人得依照契約的約定，委託信託業將其所信託的資金，與其他委託人的信託資金，進行「集合管理及運用」（其架構請見左圖3-1-3）。

老實說，個人之前在信託課程中，是有看過「集合管理帳戶」這個專有名詞。但是，卻完全不了解它到底在投資些什麼？以及有什麼優點及好處？在實際詢問了承辦的銀行信託部門之後，才終於對集合管理帳戶，有了一個較為清楚的輪廓。簡單來說，它對於一般投資理財大眾，具有以下兩大優勢：

優勢1．可以代替客戶進行投資操作。 從基本商品架構上來看，集合管理帳戶對一般投資大眾來說，算是一個滿有益的商品。因為，它就是一個可以幫投資人（信託委託人）「代操」的投資標的之一。

目前，投資人可以透過銀行信託部門所提供的平台（特定金錢信託），選擇非常多檔經監理單位核備的各式共同基金或ETF。然而，集合管理帳戶與特定金錢信託的最大不同在於：投資人不論是透過銀行「特定金錢信託」，或只是直接透過投信、投顧購買基金及ETF，都是自行決定股債比、投資區域、標的及買賣進出時點。

事實上，對於大多數平日工作忙碌，既沒時間做功課，又不擅長挑選正確標的的投資人來說，除非靠銀行理專的「協助」，否則，很難在眾多核備的境內、外基金或ETF中，挑出能讓自己長期獲利的標的，包括決定買賣時點。但是，「委由專家代操（由受託人決定）」的集合管理帳戶，便能替這

類投資人解決一些困擾。簡單來說，特定金錢信託比較適合對投資市場有看法及主見，或是有理專提供意見的投資人；至於集合管理帳戶，則適合對沒有時間自選投資標的的一般民眾。

雖然監理單位三令五申，不准信託業使用「組合式」這幾個名詞。但集合管理帳戶的操作，跟時下的「組合式基金」的操作，其實並沒有什麼差別。唯一的差別只在於：集合管理帳戶內所可以投資的標的，有可能比組合式基金還要廣，包括股票、基金、ETF、不動產、商品或債券等，現行法規所核准的任何標的。也就是說，前者（集管帳戶）的投資範圍，比後者（組合式基金）更廣。

事實上，正由於集合管理帳戶，等於是信託的受託人，在幫投資人（委託人）「決定投資標的」。所以，上海商銀信託部李根田協理不忘強調，先暫不論這種集合管理帳戶的「代操績效」，是否優於「自行投資」？由於每一檔集合管理帳戶的投資範圍及策略不同，很難說績效一定比投資人自行挑選的標的要好。但因為集管帳戶是投資一籃子標的，所以，風險絕對是最為分散的。也就是說，儘管集合管理帳戶無法「保證獲利」，但對完全不擅於投資，或者沒多少時間做功課、緊盯市場的人來說，它也許是一個稍微能幫助投資人，進行紀律化投資，又能降低自己投資失誤的投資工具（相關全委代操及信託業務比較，請見表3-1-6）。

目前，國內信託業有在從事「集管帳戶」業務的銀行，只有上海商銀及台新銀行兩家。就以上海商銀為例，目前共約有 11 檔集合管理帳戶，其中 6 檔屬於組合型帳戶（沒有銷售期限）；另有 5 檔屬於目標到期債券帳戶，因為是投資在有特定到期期間的債券上，有一定的募集與銷售期間。

表 3-1-6　國內投資人可以參與的金融商品或業務比較

	投資決定權	投資標的範圍
特定金錢信託	全部由投資人（委託人）決定	銀行上架的單一基金或 ETF
組合式基金	投資人決定積極、穩健或保守型，其餘投資標的由組合式基金經理人決定	各種共同基金或 ETF
集合管理帳戶	投資人決定投資哪一個帳戶？其餘由經理人決定投資標的	各種投資標的，包括股票、基金、ETF、不動產、商品或債券等，法規所核准的任何標的
全權委託投資 1	全委業者	《全權委託管理法》第 2 條所核准的有價證券

1. 全權委託（全委）投資業務原始投資金額需 1,500 萬元以上

　　至於一般投信公司發行的目標到期債基金，期間多半是六年，且可投資在「非投資等級債」的比例較高；但上海商銀的只有四、五年，在信託業者爭取之下，現在已開放可以少量投資於非投資等級債，投資範圍多數仍限於投資等級債。因此，對於特別需要低風險及穩定收益的投資人，反而更具吸引力及競爭力。

　　優勢 2・代操成本較低。集合管理帳戶的最大優勢，就是幫客戶代操，但它的相關費用成本及投資最低門檻，比現行投信、投顧的委外代操方式還要低。

　　目前就個人了解，國內開放給投信、投顧業者所承做的「委外代操（正式的名稱應該是「全權委託投資」）」業務，最低的資金門檻是 500 萬元（一般代操機構的最低門檻，實則要上千萬元）。但以上海商銀為例，集合管理

帳戶不論單筆投資或定期定額，最低只要台幣 3,000 元即可（目標到期債帳戶最低為 1,000 美元）。

至於代操的費用，據了解，目前一般投信公司的收費是：管理費比照勞保基金委外代操的基本管理費率（0.12%），另外，還會按「獲利 20%」收取一筆「績效費用」（但如果出現虧損，要將虧損「補回去」。例如第一年賺 500 萬元，投信公司收 100 萬元的績效費用，第三年如果虧損 50 萬元，那麼在第四年，必須要獲利超過 50 萬元之後，才能依獲利金額收取 20% 的績效費用）。

可以幫客戶「代操」的集合管理帳戶，除了投資門檻及代操費用，較全權委託代操要便宜之外，與另一個國人常使用的，投資國內、外共同基金、有價證券或 ETF 的管道—特定金錢信託相比，費用也是「具有一定的競爭力」。

因為，雖然集合管理帳戶的「信託管理費」可能較高。但是，根據《信託資金集合管理運用管理辦法》第 17 條規定：「信託業設置集合管理運用帳戶，就營運範圍或方法相同之信託資金為集合管理運用，不得另收信託報酬」。所以，集合管理帳戶至少不會再收「特定金錢信託」會收的「保管費（0.2%，內含）」，以及在不同標的間轉換的「轉換費用」。

1.《信託業法》第 32 條第一項：「信託業辦理委託人不指定營運範圍或方法之金錢信託，其營運範圍以下列為限：1. 現金及銀行存款。2. 投資公債、公司債、金融債券。3. 投資短期票券。4. 其他經主管機關核准之業務。

3-2

員工福利信託——促進勞資雙贏的好制度

近年來，員工福利信託業績大幅成長，追究箇中原因，實與該項商品所帶來的優點「大有關係」。故而在談到「為何員工福利信託，是促進勞資雙贏的好制度」之前，我想先解釋一下何謂員工福利信託？以及其分類、架構、流程及運作。

在眾多信託業務中，除了國內投資人最常接觸的「特定金錢信託」之外，與一般上班族關係最密切的，應該就是員工福利信託這項業務了。其中，又以員工持股信託最為常見。它的運作是：定時提撥員工薪資購買自家公司股票，讓員工離職或退休後，多出一筆退休金，而公司也能穩定股權。

根據信託公會秘書長呂蕙蓉的說法，屬於信託 2.0 階段重要推廣項目的員工福利信託，在結合安養信託、結合機器人理財與客製化投組等後，使得規模快速成長，從 2020 年 9 月開始推廣至 2022 年 6 月底止，累計新增規模達 165.91 億元。

而其大幅成長的原因，就與員工福利信託的優點「大有關係」。不過，在談到「為何員工福利信託，是可以促進企業與員工雙贏的好制度」之前，我想先解釋一下何謂員工福利信託？以及其分類、架構、流程及運作。

員工福利信託定義、分類

近年來，許多公司透過信託方式，來達成照顧員工、激勵員工、提升企業向心力，以及留住優秀人才的目標。這項業務，被統稱為「員工福利信託」。

而藉由員工福利信託的實施，可以讓員工與公司成為同一生命共同體。這是因為當公司獲利，與員工自己的財富累積息息相關之後，它就能讓勞資雙方，共同提升公司的價值。員工福利信託可分為「員工持股信託」與「員工福利儲蓄（福儲）信託」兩個類型（兩者差異請見表 3-2-1）。一般銀行多數只提供二擇一的選項給有興趣的企業，目前只有第一銀行，提供業界首創的「員工儲蓄暨員工持股雙軌並行」方案，可供企業同時選用。

表 3-2-1 員工持股與儲蓄（福儲）信託比較

項目	員工持股信託	員工儲蓄（福儲）信託
適用對象	上市、上櫃公司員工（或關係公司員工）	任何公司或機關、團體的員工
投資標的	所服務公司的股票（或相關上市、上櫃公司股票），買自家公司股票	任何股票、基金、定存等，不限自家公司股票
公司獎勵	公司會配合提撥獎勵金	公司不一定會配合提撥獎勵金
退出返還	透過集保劃撥股票	折換現金
優點	獲得公司獎勵、成為公司股東	投資多元化、累積財富（退休金）
缺點	單一投資，風險較高	如果公司不相對提撥獎勵金，則員工實質所得較少

資料來源：邱奕德

　　有關員工福利信託的架構及運作流程，有以下幾大步驟：

　　步驟 1. 由企業或組織提出員工福利計畫辦法，同時與員工共同協商，並且制訂加入、退出信託的相關規範。員工福利委員會發起人先填具「員工福利委員會發起人發起聲明書」，並召開發起人會議。且在受託機構的協助下，成立員工福利委員會。在發起人會議中通過委員會章程，並推選委員及代表人。

　　步驟 2. 公告「員工福利委員會章程」後，即可開始進行員工說明會、招募員工加入，並受理員工入會申請。會員入會時，必須填寫「員工福利委員會入會申請書」，並經代表人核准後加入。

　　步驟 3. 簽立信託契約。經全體入會員工授權，由福利委員會（即所謂的「員工持股會」）代表人，代表全體會員（委託人暨受益人），與受託機構（受託人）簽訂信託契約。之後，員工福利信託計畫便正式開始運作。

　　步驟 4. 定期或不定期提撥信託資金。員工定期自薪資中，提撥一定金額，或是不定期提撥的年終獎金、紅利等提存金（薪資提存金一般簡稱「自提」），連同企業定期或不定期相對提撥的獎勵金等（公司提供獎助金，一般稱「公提」），共同存入由受託機構開立的信託專戶，做為信託資金，以進行投資，投資的標的為自家公司、關係企業（例如金控母公司）的股票，或是任何股票、基金等。

　　步驟 5. 委員會指示進行投資。委員會依照信託契約，以及事前擬定的投資計畫，指示受託人（銀行）購買公司股票，或是進行其他指定的投資標的。

　　步驟 6. 受託機構定期提供報告及資料。受託機構（銀行）必須向全體會員，定期揭露受託管理的信託財產，包含提供各類定期書面報表，或向福利

委員會報告資產現況，並提供參加激勵信託機制員工的明細資料，讓他們隨時查詢（獲得）最新的信託淨資產價值，以及個人的信託財產明細資料。

步驟7.如遇有員工死亡、離職、被解僱，或不具員工身分時，即視爲「個別委託人信託終止」。此時，受託機構必須依照委員會代表人的指示，返還其個別信託財產。員工福利信託運用架構及辦理流程如（圖3-2-1）所示。

圖 3-2-1　員工福利信託的架構

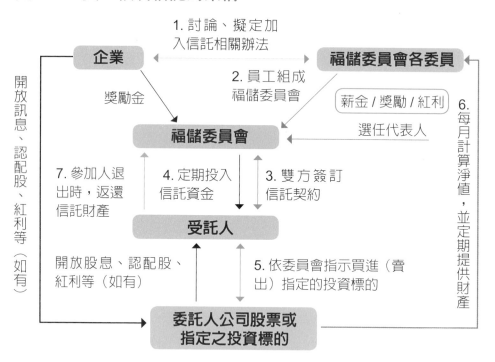

資料來源：《高齡金融規劃法規及實務解析》第 272 頁

員工福利信託的優勢

之前，台灣人壽與國立政治大學商學院曾在公佈的「2022 台灣高齡社會退休生態觀察指標」調查中顯示，有 16.8% 未退休族的退休金，是源自於「員工福利信託」，較 2021 年成長 12.4%，更是所有來源中，唯一成長的選項。

政大商學院教授楊曉文便認為，過去一直呼籲要提早開始進行退休準備，這次首見員工福利信託來源較前一年成長許多，代表民眾對「員工福利信託」已有一定的認知，願意透過更有制度與規模的方式，準備未來的退休金。

而這，就跟其優點大有關係。總的來說，員工福利信託對「僱主（企業主）」及「員工」都各有好處。首先對員工來說，在如今高齡化、少子化且房價、物價高漲的年代，國內勞保年金加勞退新制的退休金，兩者合計的所得替代率，距離世界銀行定義的理想所得替代率，仍有一段空間，光靠政府退休年金，恐怕遠遠不夠支應未來退休後的基本生活所需。因此，唯有增加個人自願退休計畫金額，並慎選投資工具提高投資報酬，才能進一步提高所得替代率，以追求高品質的退休生活。而藉由參加「員工福利信託」制度，更可以在員工的工作生涯中，透過長期定期定額方式累積財富、分享企業經營或其他投資成果，為退休生涯提供更多保障。

正因為員工福利信託對員工有利，所以在退休所得替代率不足的情況下，除了透過個人的儲蓄來補足之外，已經有越來越多的企業或組織，會按自身的財務發展狀況，來設計員工的退休制度，將定期提撥的信託資金，交由公正的第三人來加以管理，以彌補退休準備第二支柱之不足。

其次對企業來說，透過安全、透明、獨立的專戶操作，更能夠達到照顧

員工、激勵員工、提升企業向心力，並留住優秀人才的最終目的。特別是如果能在持股信託中，加入「限制員工離職」的條款，也就是當員工在限制年限內離職，就只能在信託帳戶內提領到部分金額，也就更能鼓勵員工在公司內，實現其長遠人生價值。

輔導過不少企業的人資勞務顧問張國鼎就補充說到：員工福利信託是僱主額外提供給員工（非勞退自提部分）的退休優惠方案，此有「久任獎金」及「留才」的功能。對於有此方案的企業員工來說，員工自提 1 萬元，公司相對提撥 1 萬元，等於讓員工「現賺 1 萬元」。

更何況對公司來說，員工福利信託方案可以因為企業費用增加、所得減少，而產生所謂的「稅盾效益（節稅效益）」。因為依照《營利事業所得稅查核準則》第 71 條第一項有關「薪資支出」的定義，只要是屬於薪資支出，企業可以全額認列。

信託公會秘書長呂蕙容更指出，透過員工福利信託累積退休金期間，也許會遇到數次景氣循環，投入成本有高有低，碰到市場行情不好時，可能獲利不盡理想，甚或可能有虧損情形。但由於是每月、定期不斷買進一筆固定的金額，不論市場漲跌都會買到，只要時間拉長，長期平均攤算下來，便能降低成本。再加上「提取限制」的規定，可以降低資金被隨意提取、移作其他用途的機會，非常適合運用來累積退休資產。

勞資雙贏，員工福利信託的關鍵

可以這麼說，「員工福利信託」是企業與員工雙贏的好制度。但是，它仍有幾個缺點及限制，是影響它進一步成長的重要關鍵。

首先，如果它是「不加薪的替代」（如果企業原先承諾加薪，但用此方案取代，則有違法的可能），因為員工無法真正花用，會造成薪資下降的影響。所以，除非該企業的員工薪資水準，是業界當中最高，比較不易引起員工的「不滿」。且自提的部分，已是稅後所得，員工並沒有進一步的節稅效果。

其次，因為有信託管理費，所以，如果帳戶規模不夠大，恐怕也沒有多少企業願意參與。理論上，最少 100 ～ 200 人、規模 5 ～ 10 億元以上才好。

再者，過去常有員工為了「最低風險」起見，而選擇了最保守的債券型標的。然而，其長期下來的投資績效，並不會好看。正因為如此，才更要提醒企業員工「長期投資千萬不能過於保守」的重點。不然，想要累積足夠的退休金，恐怕會相當困難。

第四，員工福利委員會的設立章程，也可設計並納入「限制員工提前提取」的機制，以發揮強迫儲蓄的效果。舉例來說，除非因為特殊情況，像是生活陷入困難、急難救助等，可以申請提領外，其餘都必須等退休、離職後，方可退出儲蓄計畫；且每年配息收入，必須全數滾入信託帳戶，不得領回等。

最後，近年積極承做員工福利信託業務的元大銀行則表示，近年來不少企業接續開辦員工持股信託，使員工享有公司額外提供的獎勵金、間接獲取加薪福利，並可享有參與公司營運共同成長的益處。只不過，由於各企業產業景氣、營運規模不同、企業內部事業線差異大、人員職級數多，以及年齡級距大等因素影響之下，常常造成企業評估、辦理本項業務的困難度，或是員工參與率相對偏低等問題。因此，該銀行便建議有意辦理這項業務的企業在規劃期間，除了多方獲取相關資訊外，更重要的是與信託業者充分討論及交換意見，才能順利產出適合自家企業的「員工福利信託」量身訂做方案。

非信託業者的員工福利信託案例

事實上，國內除了上市、櫃集團的員工，可以加入「員工持股信託」之外，其餘企業員工就只有「員工儲蓄信託」業務可以選擇。目前，除了信託業者（銀行）積極協助企業，規劃員工儲蓄信託外，有些投信業者（例如安聯投信），也早在 2019 年，眼見客戶都是中小企業主或高階主管，雖然都有參與員工及僱主同時提撥的退休留才專案，但這些錢，多半都只是放在過於保守，且收益非常低的的定存之中。

根據安聯投信執行董事林育玲的說法，在市場利率極低之下，唯有長期且積極投資，才能確保有較為足夠的退休金。且她也深知在銀行端的部分，透過信託的架構是可以分戶的：員工其實可以自己選擇放在定存，或者是選擇共同基金（積極、穩健、保守）。

再加上一般基層員工，如果透過「好享退」專案或自行投資，必須從平日生活開銷中再挪出其他費用進行，實際執行的比例其實已經不高了；一旦企業主幫忙員工提撥這部分，又只是放在定存，對員工而言，對於未來退休規劃的投資效益並不大。所以，為了回應社會大眾對於「退休金不足」的問題，安聯投信決定先由企業客戶開始做起，定期替企業客戶舉辦退休規劃的講座，並積極協助企業客戶推廣員工福利信託的概念。

安聯投信之所以想透過員工福利信託的方式推廣，是因為單純的定期定額投資扣款，常會因為市場下跌之際，而由投資人「選擇停止扣款」，但如果透過信託方式，則長期定期定額投資的目標比較容易達到。也就是說，透過員工福利信託的方式，比較容易讓員工在行情差時「不停扣」，也更能有紀律性地長期投資。

圖 3-2-2 由投信公司提供的員工福利信託方案

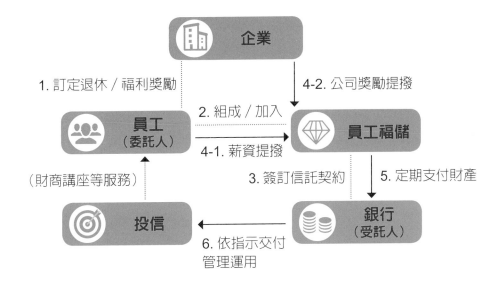

目前安聯投信提供服務的，差不多是員工數在 100 ～ 200 人的中小企業（其運作方式如圖 3-2-2），假設企業規模再小，是會有些問題的。因為首先，信託都有一定的管理費用，當信託資金規模不大之際，企業成本會變得較貴。其次，規模再小的企業，其職工福利會也不夠成熟，也不會想要提供這一層服務（福利）給員工。

事實上，安聯投信所推廣的員工福利信託概念，與前幾年成立的好享退專案的理念相同。但是，其在投資自主權、投資本金來源及參與方式上，還是有不少的差異（請見表 3-2-2）。

表 3-2-2　員工福利信託與好享退專案的差異

	好享退	員工福利信託
投資自主權	投資人有絕對的自主權，可任意選擇積極、穩健或保守型組合中的 1 個或 3 個	依照個人投資屬性，選擇相對應的一個投資組合
投資本金來源	自己拿錢	企業與員工同比例提撥
參與方式	自行參加，且可在同一風險屬性標的中，選擇多個	員工福利信託是由銀行，與企業的持股會簽立一張信託契約，而不是與每一位員工，分別簽立信託契約。且在標的的選擇上，屬於同一風險屬性員工的標的都相同

資料整理、製表：李雪雯

3-3

保險金信託——
抱歉沒做好規劃，保障只做對一半！

以 2021 年為例，國人平均保額連 60 萬元都不到。由此可見，國人絕大多數都是購買「保障極低」的儲蓄險，而非「高保障」的人壽保險。而保戶若未預先做好保險金信託，這些保單的理賠金恐怕也無法確保，能 100% 都用在自己身上。

在正式提到保險金信託業務以前，我想先提以下兩個，之前採訪時的真人實例。在某一個冬天晚上，一位受訪者的哥哥覺得身體不舒服，想要衝出門向鄰居求救，卻因為急性腦梗塞突發，倒在樓梯間。

這位受訪者的哥哥，是在第二天早上，鄰居出門運動時才被發現。由於受訪者的哥哥是單身，鄰長也不知道如何聯絡其家人？最後，是透過警政系統，查到受訪者哥哥的南部老家，再由老家通知我的這位受訪者。

個人採訪的這位受訪者，是在哥哥病發後第二天接到訊息，再趕到醫院探視。但，真正的問題及麻煩才剛開始。這位受訪者知道哥哥有不少存款，也有買一些保單。但是，因為受訪者的哥哥無法說話、無任何行為能力，所以，受訪者完全無法從哥哥的戶頭及保單裡提錢出來，等於是受訪者自掏腰包，支付哥哥所有的醫療、看護及住進機構的費用。

另一個案例，則是另一位曾經受訪的威瑞財富管理顧問（股）公司董事

長—陳慶榮，所遇到的眾多類似案例之一：一位案主在中風、成為植物人之前，是有投保每月（合計）可領 10 萬元的失能險。但在成為植物人之後，案主的家人拿了這每月 10 萬元的保險給付，只花了 3 萬元，幫案主請了一位外籍看護工照顧，其餘剩下來的錢，就成了家人的「額外家庭收入」……

為何保險金信託很重要？

看了以上兩個真實案例，讀者應該不難理解，為何保險金信託如此重要？這是因為，如果沒有同步做好信託規劃（保險金信託），民眾預先為自己投保的相關保險保障，恐怕都只是「做了一半」，卻沒有辦法讓這筆保險理賠金，真正 100% 運用在自己身上。

理由很簡單，保險理賠金主要只是解決「錢」的問題；但信託規劃，則是處理金錢以外，也就是發生保險事故之後的其他（例如人、事、時、地、物）的問題（請見圖 3-3-1）。

事實上，許多投保的民眾似乎並未想過：如果自己因為失能、失智或全殘等，而沒有主張或行為能力時，就算家人可以主張請求保險公司給付各項保險理賠金，但是這筆錢，保險公司只會匯到被保險人本人之前所指定的約定帳戶裡。一旦家人沒有被保險人的金融提款卡，也不知道密碼，這筆對被保險人來說的重要「救命錢」，依舊無法順利動用。

過去在實務上，保險金信託多半運用在對保險受益人的管理運用能力（如未成年人或弱智子女等），或對其監護人可能會不當挪用有疑慮時，在原本的保險契約上，增加一個保險金信託契約，以達到落實照顧遺族之目的。正因為如此，保險金信託才有了「讓保險更保險」的美名。

圖 3-3-1 失能失智保險規劃對應需考量的因素

1. 風險人 - 被保 / 受益人
2. 執行人 - 保險金收支管理處分者

醫療、機構照顧、看護、復健支出、薪資補償……

醫療費、看護費、照顧機構費、營養費……

照顧年期長短、時段、平均餘命期……

輔具、復健器材、衛生用品、醫用床、氣墊需求……

場所（居家、機構）、療養環境……

人　事

錢　保險規劃　時

物　地

資料提供：陳慶榮

　　看到這裡，也許有讀者會質疑：現階段，不是已有保險公司推出「分期給付」的壽險，其概念不就如同保險金信託一樣？但是，不論保險理賠金有沒有「分期給付」，如果沒有搭配信託契約，被保險人在保險事故發生之後，恐怕仍舊無法獲得原先預期的保障，和照護品質及需求。

　　而最釜底抽薪的解決之道，就是在保戶「已買」或「準備買」的保單上面，加一個「保險金信託帳戶」的「批註」，把未來保險理賠金，不是匯到被保險人名下的帳戶裡，而是所指定的信託帳戶。當保險金進入信託帳戶時，信託契約就開始正式啟動，受託人會依照原契約所約定的內容，執行信託委託人希望能夠辦到的項目。

保險金信託定義、架構

簡單來說，所謂的「保險金信託」，就是將「保險理賠金」與「信託」結合的一種業務或金融商品。其主要的目的，便是藉由保險與信託制度的結合，幫助保單的被保險人「加強保障」，避免保單受益人所領到的保險金，因為遭到他人盜用，或是管理不當，導致應該受到照顧的保險目的無法落實。

目前常見的保險金信託運作方式是：保險的要保人（通常也是被保險人）投保後，與保險公司約定，並在保險契約上進行批註，一旦發生保險人身故發生理賠，或其他保險金給付，會由保險公司將保險金，撥入保險受益人的信託專戶內，成為信託財產。

所以，就委託人交付的信託財產種類來看，保險金信託還是屬於《信託業法》第 16 條規定的「信託業得經營」的「金錢信託」業務；而就委託人與受益人關係來說，則是屬於自益信託。

保險金信託的手續、過程

那麼，要如何辦理保險金信託呢？有關保險金信託的架構及流程、步驟請見（圖 3-3-2）的解說。

步驟一.洽詢。先向保險公司，詢問辦理保單信託註記的手續。

步驟二.討論。與銀行信託專員討論，一起規劃適合個人的專屬保險金信託。有關保險金信託的規劃，建議民眾要注意以下四大重點：

（1）決定支領方式及條件：除可定期定額領回保險金，以支應日常生

圖 3-3-2 保險金信託架構

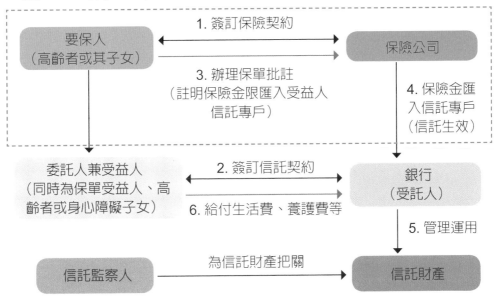

資料來源：張齊家

活所需外，還可以隨著受益人年齡的增長，調整支領的金額；或是從保險金中，提撥教育創業補助金、結婚生育補助金，以及醫療補助金等其他支出。且在給付信託財產時，最好以定期提領契約上訂立的金額爲原則；除非有特定狀況外，不得變更提領金額，且必須匯入指定的受益人本人帳戶。

（2）**決定投資與運用方式：**決定保險金，將投資在哪些國內外的標的？例如存款、債券、基金等，以達到對抗通貨膨脹、有效增值，或保值等目的。

（3）**決定信託終止日期：**可設定信託到期的時間，例如指定一特定的到期日，或指定到受益人過世時爲止。

　　（4）其他特殊規劃，例如設立信託監察人：為了加強保護受益人，也可設定某些禁止終止信託的條件，例如加入「契約變更需由信託監察人同意」的但書，以協助保護受益人的權利，以及在信託期間內，契約不得任意變更（有關信託監察人的選任，請見「CH2 基礎篇 2-2：信託監察人」）。

　　步驟三 . 簽約。保險受益人及法定代理人攜帶相關文件，先向信託業者（目前，只有銀行及證券業，可以承做信託業務）成立一個「保險金信託專戶」。而辦理「保險金信託」前，建議應預先準備以下相關資料：

　　（1）信託委託人（保險受益人）或信託監察人（如有設置）的印鑑、身分證或戶口名簿，以及第二身份證明文件（需有相片可供核對）。

　　（2）法定代理人身分證。

　　（3）保險單或要保書正本。為確保信託啟動後，資金能夠匯入受益人帳戶，申請時也需提供受益人指定銀行帳戶的存摺影本。

　　步驟四 . 信託註記：向保險公司辦理保單批註或聲明，並將批註文件寄回銀行。

　　步驟五 . 完成。銀行寄發信託通知書，並完成保險金信託。

　　之後，當保險理賠金正式進入「保險金信託專戶」時，就會啟動信託契約。這個時候，信託契約的委託人才開始支付每年（按月收取）的信託管理等相關費用（請見「CH2 基礎篇 2.4 信託契約簽訂 VS. 承作費用」一文）。

　　最後一提的是，根據信託公會的整理，目前國內已有多家信託業者開辦保險金信託業務。除了針對照顧遺族為目的外，更有發展出像是「保險金信託房貸」、「基金、保險、信託—三合一理財套餐」等類型。前者是在被保

圖 3-3-3　保險金給付方式指定書範例（因各家保險公司批註形式略有差異，此處僅供參考）：

保險金指定匯入信託專戶約定書（參考範本）

立保險金指定匯入信託帳戶約定書人（即○○人壽保單號碼第＿＿＿＿＿＿＿號之要保人：＿＿＿＿＿＿、被保險人：＿＿＿＿＿＿與保險金受益人：＿＿＿＿＿＿）（以下簡稱立約定書人），茲向○○人壽保險股份有限公司（以下簡稱貴公司）共同以書面立保險金指定匯入信託專戶約定書（以下簡稱約定書），雙方約定如下：

一、貴公司依上開保單號碼契約條款之約定給付本約定書所載受益人保險金時，其給付方式限匯入下列之保險金信託專戶，匯入後並應通知受託人（如保險金屬多次性給付者，於第一次給付保險金匯入信託帳戶後通知），由受託人另依信託契約約定處理之。

受託銀行：＿＿＿＿＿＿＿＿＿＿＿＿＿＿＿＿＿＿＿＿

帳戶名稱：＿＿＿＿＿＿＿＿＿＿＿＿＿＿＿＿＿＿＿＿

二、有下列事由之一者，本約定書即失其效力：
1. 上開保險契約依法令規定或保單條款約定致其無效、撤銷、解除或終止。
2. 上開保險契約之要保人經變更為他人。
3. 上開保險金受益人同時或先於被保險人死亡或喪失保險金受益人身分。

三、貴公司依本約定書約定為保險金之給付後即生清償之效力，若有信託契約衍生之爭議，（如：指定之信託契約不成立、無效、撤銷、解除、終止或指定之信託帳戶撤銷等），概與貴公司無涉。貴公司無法將保險金匯入以支票繳付第一條指定之信託專戶時，貴公司得逕依上開保單號碼之保單條款約定給付予應得之人。

四、立約定書人同意貴公司因執行保險契約及信託契約之需要，得與信託受託人間就相關個人資料依個人資料保護法相關規定為必要之蒐集、利用、處理及國際傳輸。

五、立約定書人同意自本契約之保險金請求權發生時起，不得再變更或終止本聲明書之內容。

六、立約定書人與貴公司皆應受約定書拘束，未經要保人本人書面同意，任何人（包含但不限要保人之法定繼承人及法定代理人）皆不得變更或終止其內容。

七、立約定書人同意本約定書成為上開保險契約之構成部份。

此致　○○人壽保險股份有限公司

立約定書人親簽：

要保人：＿＿＿＿＿＿＿＿＿＿＿　　身分證字號：＿＿＿＿＿＿＿＿

被保險人：＿＿＿＿＿＿＿＿＿＿　　身分證字號：＿＿＿＿＿＿＿＿

保險金受益人：＿＿＿＿＿＿＿＿　　身分證字號：＿＿＿＿＿＿＿＿

法定代理人：＿＿＿＿＿＿＿＿＿　　身分證字號：＿＿＿＿＿＿＿＿
（受益人為未成年人者，具法定代理權之人皆須簽名）

監護人或輔助人：＿＿＿＿＿＿＿　　身分證字號：＿＿＿＿＿＿＿＿
（受益人為受監護人或受輔助人）

保險業務員：＿＿＿＿＿＿＿＿＿　　登錄證號：＿＿＿＿＿＿＿＿
（見證人）

業務單位：＿＿＿＿＿＿＿＿＿＿　　單位主管/經代簽署人簽章：＿＿＿＿＿＿＿＿

中　　華　　民　　國　　　　　年　　　　月　　　　日

險人發生事故後，由保險按期繳納房貸本息，並給付受益人生活費用；至於後者，則加入結合分年贈與節稅概念的金融商品。所以，保險金信託業務的延展性，還將更無限寬廣。

另外，三信銀行副總經理張齊家也補充說明，保險金信託業務隨著信託2.0 計畫的政策開放，同一金控之保險子公司已經可用「共同行銷」方式，或由銀行、證券商及保險公司等機構，以「合作推廣」模式進行推介與代收件。

哪種類型的保單，可以成立保險金信託？

一般來說，只要是「保險受益人＝信託委託人」的保險金給付，都可以承做保險金信託。所以，不論是身故或失能給付，或是年金、健康險給付，也不論是一整筆或分期給付，都可以做為保險金信託的信託資金。但是，由於要保人有權利變更保險契約裡的受益人，或是終止保險契約、變更保單註記（這些都不用通知受託銀行），很容易讓銀行的保險金信託走不下去。所以信託業者均表示，除非保險公司可以做到「不可撤銷保單」或「不可變更要保人」，否則，受託銀行很難從事保險金信託業務。

正由於保險公司不願意做到以上兩項（要保人放棄變更受益人、終止保險契約或保單註記的權利）。所以目前在實務上，許多銀行並不太承作保險金信託，特別是「非一整筆保險金給付（例如分期給付的年金險及健康險）」的保險金信託。

例如一位信託承辦人員就解釋：保險公司不願意進行保單批註，是因為每筆給付要進入受益人的銀行信託專戶時，保險公司都必須先打電話，詢問

客戶的契約是否有效才會撥款。

因此，像是某大銀行，就只做一整筆的滿期金、身故保險金、失能保險金或特定傷病保險金這四種，其餘像是分期的生存金或年金，則一律不做。至於另一家官股行庫，所接受的保險金信託財產，就只限於變額年金的整筆給付，以及各儲蓄險的滿期金，並不接受分期給付的保險金（例如年金）等。再不然，有的銀行就只接受同一金控集團，旗下壽險公司的保單；至於沒有金控背景的銀行，就只接受有合作及往來壽險公司的保單。

保險金信託的承做門檻、相關費用收取

目前，保險金信託本身，並沒有年齡限制，信託的最低承作門檻，也沒有門檻限制。民眾在進行保險金信託時，需要繳交單筆（一次收取）的「簽約費」，差不多是 3,000、5,000 或 1 萬元，視不同信託機構而定。

實務上，保險金信託已經是銀行信託部門，較為成熟的業務，所以，各銀行間的做法差異不大。只是，仍有以下少許差別性做法：

1. 制式化的支付項目不同。一般銀行保險金信託，制式化的支付項目主要是醫療費用或是教育費用，至於未來高齡化老人所會面臨到的臨時看護費用，或是緊急性資金，目前並未列入多數銀行的制式化表格中。假設當事人想要享有此一服務選項，還需要另外支付修約費。但有的銀行則會在「不特別麻煩」的前提下，允許逐案調整給付項目，且不會另外收費。一般銀行的信託管理費，大約落在0.2%～0.5%，以遠東銀行為例，則是0.3%～0.4%。

2. 追加保單的收費方式不同。有些銀行會依收取保單的張數，再進行追加收費（此種做法者，簽約的費用多半較低。例如簽約時，先收 5,000 元，

但只能納入三張保單，日後每增加一張保單，則要追加 300 ～ 500 元的「追加（變更）費用」）。然而有的銀行，則只收一次性費用（當然，簽約時的費用會比較高，大約是 6,000 ～ 8,000 元），好處是日後不會依收取保單數，再追加收費。

信託照妖鏡

辦理「保險金信託」應準備的資料（以上海商銀為例）：

★信託委託人（保險受益人）或信託監察人（如有設置）的印鑑、身分證或戶口名簿，以及第二身份證明文件（需有相片可供核對）。

★法定代理人身分證。

★保險單或要保書正本。為確保信託啟動後，資金能夠匯入受益人帳戶，申請時也需提供受益人指定銀行帳戶存摺影本。

3-4

有價證券信託——滿手股票之下的好選擇

　　「有價證券信託」是屬於我國《信託業法》第 16 條，所訂定的「信託業得經營業務」項目之一。它是指「委託人將有價證券信託移轉或為其他處分，使受託人依信託本旨，為受益人的利益或特定目的管理，或處分信託財產的關係」。

　　如果在進行退休規劃的民眾，手中持有數額不一的有價證券，一樣也可以委託信託業者，進行所謂的「有價證券信託」。所以近年來，也有不少民眾將股票，納入安養信託的規劃之中，主要就是以現金股利，做為支付退休後的相關費用（例如生活費）。目前選擇有價證券信託的客戶，有些是上市、櫃公司大股東，或是家族性公司的家族成員股東，受限於「不能隨意處分持有股份」的人。

　　這個時候，股票持有人可以將這些無法自由處分的有價證券交付信託，然後約定將這些有價證券的固定配息，做為委託人（受益人）的生活費。不過事實上，手中握有不少有價證券的股票族，也一樣可以利用此種方式辦理安養信託。

哪一種股票才能申辦信託？

目前，根據我國《證券交易法》第6條所規定的「有價證券」，除了一般大眾熟知的公司股票之外，還包括政府債券、公司債券、主管機關核定的有價證券（受益憑證、認購（售）權證等）、新股認購權利證書、新股權利證書，以及各種有價證券的價款繳納憑證，或是表明其權利的證書等，全都可以做為有價證券信託的標的。

簡單來說，目前可以交付信託的有價證券，包括以下幾種：

1. 政府債券（包括中央登錄公債）。
2. 公司股票。
3. 公司債券。
4. 主管機關所核定的有價證券（例如受益憑證、認購／認售權證、認股權證）。
5. 新股認購權利證書、新股權利證書。
6. 各種有價證券的價款繳納憑證，或是表明其權利的證書。

根據信託公會的分類法，有價證券信託依其信託目的及管理運用方式，可分為三種類型，即「管理型有價證券信託」、「運用型有價證券信託」及「處分型有價證券信託」。以上三類有價證券信託，由於成立目的、功能不同，所衍生的相關業務也有差異（請見表 3-4-1、圖 3-4-1）。

表 3-4-1 三種有價證券信託目的

類型	內容說明	優點	相關業務
管理型	由受託人處理有價證券的保管、股利、債息的收取、現金增資認購，以及議決權的行使	由受託人處理有價證券的保管、股利、股息、利息，或債券本息等的收取、現金增資新股的認購、議決權的行使等事務，並且可以獲得受託人定期提供報告，讓委託人不用擔心有價證券的滅（遺）失，以及領取收益時點或到期等問題	1. 孳息他益股票信託 2. 股權傳承信託／股票管理 3. 限制員工權利新股信託
運用型	由受託人，將有價證券做「借券」的運用管理，以增加借券收益	透過將持有股票「出借」的方式，可以多獲得一筆收益	股票借券信託
處分型	藉由受託人的專業投資經驗，或信託管理能力，將有價證券處分後，再投資於其他標的，以獲取較高的投資運用報酬	委託人將財產移轉登記，並交付給委託人，由其全權處理，不但能增加運用收益，以及處分交易的安全保障，也能結合財產交付信託的優點，照顧所指定的受益人	處分型有價證券信託（全權委託代操業務）

資料來源：邱奕德、信託公會

圖 3-4-1 實務上，三種有價證券信託的安排目的

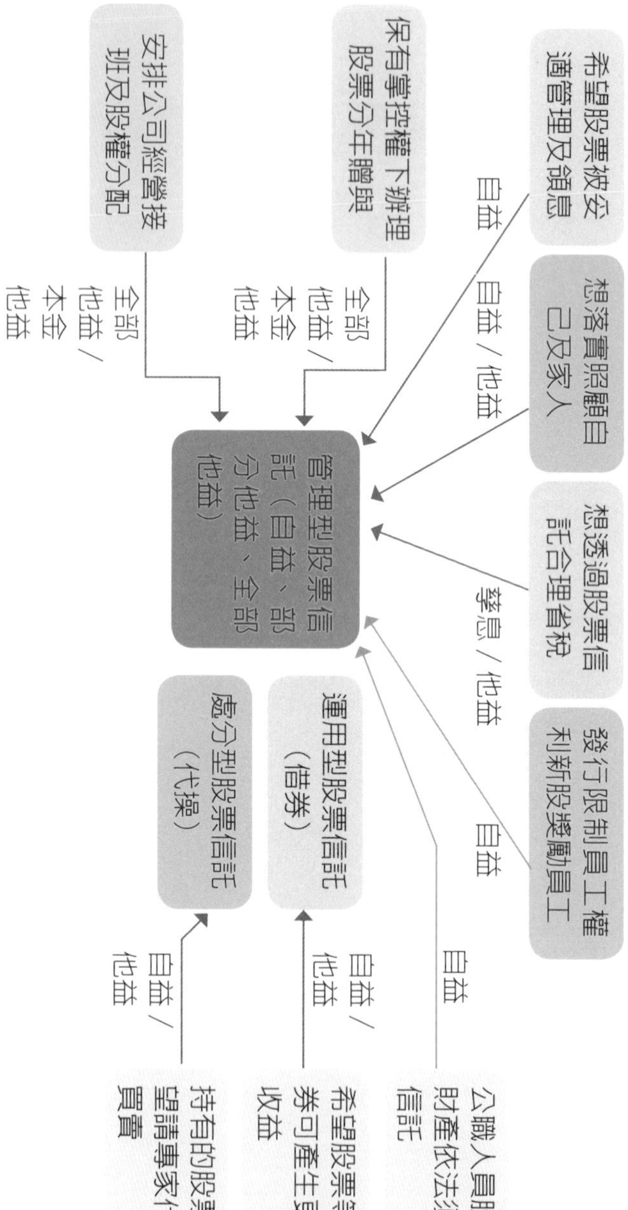

希望股票被妥
適管理及領息 —— 自益 ——

保有掌控權下辦理
股票分年贈與 —— 自益／他益 ——

安排公司經營接
班及股權分配 —— 全部
他益／
不全
他益 ——

想獲實照顧自
己及家人 —— 全部
他益／
不全
他益 ——

想透過股票信
託合理省稅 —— 變惠／他益 ——

發行限制員工權
利新股獎勵員工 —— 自益 ——

管理型股票信
託（自益、部
分他益、全部
他益）

運用型股票信
託（借券） —— 自益／
他益 ——

處分型股票信
託（代操） —— 自益／
他益 ——

公職人員股票
財產依法須交
信託 —— 自益 ——

希望股票等證
券可產生更多
收益 —— 自益／
他益 ——

持有的股票希
望請專家代操
買賣 —— 自益／
他益 ——

圖 3-4-2、利用信託傳承股票，可有三種設計模式

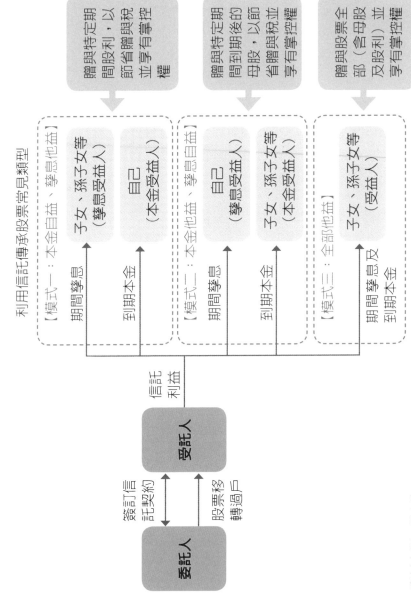

利用信託傳承股票常見類型

【模式一：本金自益、孳息他益】

贈與特定期間股利，以節省贈與稅並享有掌控權

子女、孫子女等（孳息受益人）

自己（本金受益人）

期間孳息

到期本金

【模式二：本金他益、孳息自益】

贈與特定期間到期後的母股，以節省贈與稅並享有掌控權

自己（孳息受益人）

子女、孫子女等（本金受益人）

期間孳息

到期本金

【模式三：全部他益】

贈與股票全部（含母股及股利）並享有掌控權

子女、孫子女等（受益人）

期間孳息及到期本金

受託人

委託人

信託利益

簽訂信託契約

股票移轉過戶

　　實務上，有價證券信託除了依「信託目的及管理運用方式」，分為「管理型」、「運用型」及「處分型」三種外，還可以依「委託人是否保有運用決定權」，以及「本金孳息受益人是否相同」區分為：「本金孳息均自益」、「本金自益、孳息他益」、「本金他益、孳息自益」，以及「本金孳息均他益」四種。

　　根據業者的說法，目前業界利用信託來傳承股票時，主要會因為本金與孳息受益人的不同，而有以下三種類型（請見圖 3-4-2）：

　　1. 本金自益、孳息他益：也就是在股票發放股息的期間，由子女或孫子女們領取，信託契約到期後，股票還是歸還給委託人自己。這種做法的目的及好處在於：透過有價證券信託，贈與子女或孫子女股利（將每年給孳息受益人的股利，控制在每年贈與稅免稅額之中），以節省未來可觀的遺產稅。且在此同時，本金受益人（股票持有人、委託人）仍享有股票的掌控權。

　　此外，事實上，這種「本金自益、孳息他益」的模式，不只在有價證券信託中。例如遠東銀行、阿爾發投顧及台大共同合作的捐贈信託業務，就是設計成「本金保留給委託人，配息與資本利得捐贈給台大」的「本金自益、部分所得自益、部分所得他益」的模式。

　　2. 本金他益、孳息自益：其好處在於：這種做法的本金與孳息受益人，完全與前者相反。贈與者（委託人、孳息受益人）可以節省一定的贈與稅（扣除股利），且在信託契約的這段期間，委託人仍享有股票的掌控權。

　　3. 全部他益：自信託契約期間及到期後，不論是本金（股票）或孳息（股利），都是由非委託人的受益人（例如子女、孫子女）領取。這種做法的目的及優點就在於：在信託期間中，委託人仍享有股票的掌控權。

據了解，目前信託業者（銀行）所提供的「他益型」有價證券信託業務，主要是「本金自益、孳息他益」的架構為多。

簽訂有價證券信託的流程

相較於金錢信託，以有價證券做為信託財產時，其作業流程就較為複雜。目前，有價證券信託的架構與流程，共有以下五個步驟：

步驟一. 簽定信託契約。如果是「他益信託」，受託人必須協助委託人向國稅局辦理信託贈與申報。

步驟二. 開立信託專戶，並辦理信託過戶登記。受託人要在證券公司，開立戶名為「XXX（受託人名稱）受託信託財產專戶」的證券交易，以及證券集保信託專戶。之後，委託人再將有價證券信託移轉給受託人。

步驟三. 依信託契約管理、運用或處分信託財產。受託人必須依據信託契約的約定，或是委託人的書面指示，對信託財產進行管理及運用，其內容包括：收受現金股利、股票股利、出借運用並收取出借收入、參與現金增資，以及行使股東權利等行為。

步驟四. 信託給付。受託銀行應該依據信託契約的約定，或是委託人的書面指示，將信託孳息（現金股利及股票股利）交給受益人。此時得注意的是：在給付來自於有價證券的孳息與本金等時，會有贈與稅或所得稅等稅負產生，並由受益人來繳交相關稅負。

步驟五. 信託終止，受託人（銀行）返還原始信託財產給指定受益人。

圖 3-4-3 有價證券信託架構圖

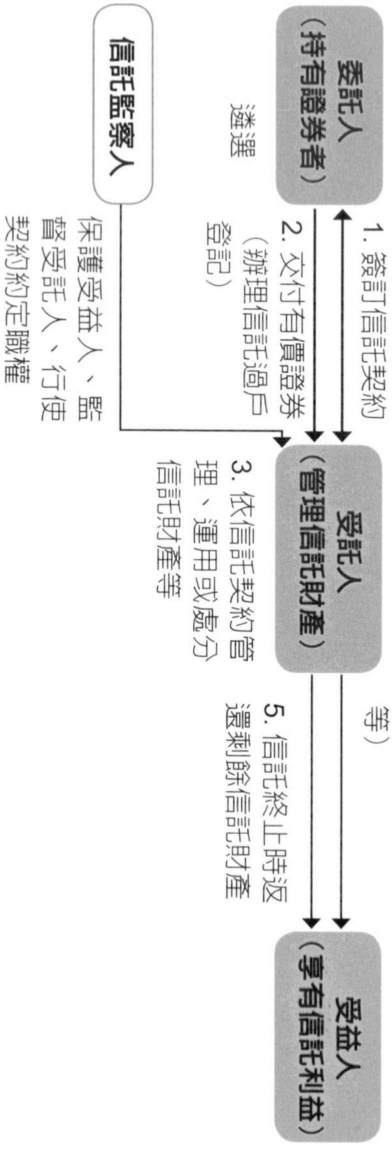

委託人
（持有證券者）

選選

信託監察人

1. 簽訂信託契約

2. 交付有價證券
（辦理信託過戶
登記）

3. 依信託契約管
理、運用或處分
信託財產等

保護受益人、監
督受託人、行使
契約約定職權

受託人
（管理信託財產）

4. 信託給付（源
自孳息與本金
等）

5. 信託終止時返
還剩餘信託財產

受益人
（享有信託利益）

資料來源：邱奕德

　　總的來說，整個有價證券信託的架構及流程如（圖3-4-3）。在信託期間，受託人必須定期向委託人及受益人報告，並依信託契約的約定，製作信託財產目錄及收支計算表，再寄發給各信託關係人。且在信託契約終止時，受託人應編制「結算書」及「報告書」送交信託關係人，並取得信託關係人的承認後，返還信託財產。

　　目前，國內信託業者（銀行）所辦理的有價證券信託業務，是以「管理型有價證券信託」為主，其中又以「委託人保有運用決定權」，且「本金自益、孳息他益」的有價證券信託最為常見。而管理型、運用型及處分型的有價證券信託複合委託，使受託人同時擁有管理、運用或處分三者之中，兩者以上的權限，讓有價證券信託財產運作更具彈性。

　　所以整體來說，有價證券信託具有以下的優勢及好處：

　　1.「自益信託」具管理上的便利及安全。以「管理型有價證券信託」為例，因為是由受託人（銀行），代為處理有價證券的保管、股利、股息、利息或債券本息等的收取、現金增資新股認購、議決權行使等事務，委託人也能夠定期獲得受託銀行所提供的報告，不用擔心有價證券滅（遺）失、領取收益時點或到期等問題或困擾。

　　2.「自益信託」增加收益（例如出借）。以運用型有價證券信託為例，委託人是將既有的持股參與出借，不需要額外購買其他金融商品，就能從中獲得借券收益，以提升中長期持有股票的運用效益。

　　3.「他益信託」財產分年移轉，有利節稅規劃。委託人（有價證券的持有人）在將股息、股利等，分年移轉給受益人（第二代、第三代，或其他指定之人）的同時，也能夠達到合法節省贈與稅的目標，並達到財富傳承，以及家族所擁有企業的永續經營目的。

4.持有者可續享股東權利、不影響經營權。有價證券信託之後，委託人仍然可以持續掌控對公司的議決權。這是因爲委託人一旦保有運用決定權，本金持股部分可計入內部人持股數，不會影響委託人的經營權。

Chapter **4**

進階篇：業務創新組合

安養信託，其實就是金錢信託的一種！其功能就是為了照顧高齡者退休生活的一種信託業務，而其最常見的資金（信託財產）來源計有「金錢」、「不動產」、「保險金」或「有價證券」等。假設委託人所交付的信託財產是「金錢」，那麼就屬於「金錢信託」的範疇。

目前，安養信託多半是與金錢、保險金及不動產（主要是「以房養老」的金額，或是「留房養老」的租金）進行結合。但其中仍以「收受金錢」的信託資產為主。

4-1

安養及預開型安養信託（金錢信託）

　　話說「安養信託」就是一般的金錢信託，但在金管會政策性鼓勵、做為銀行「關鍵績效指標（Key Performance Indicator, KPI）」，以及信託業者（銀行）迎合市場退休安養需求之下，一般民無眾在與信託業者（銀行）往來中，還可以看到的安養信託業務（商品）存有以下的差異，不可不慎。

　　由於安養信託，本就是信託業務的一種。所以，其最大的功能及效益主要集中在以下三點：

　　1.財產保全：特別是「自益型」安養信託，能夠幫助民眾把所有的財富（例如金錢、不動產）「多上一道安全鎖」，可以避免高齡者的財產遭到詐騙，或是不當挪用（主要是指「自益信託」）。

　　這就像遠東商銀個人金融事業群信託部協理田念昕，一直在教育大眾的話：「如果你有一些保命錢，不要跟傳統一樣放在銀行的定存或是保險箱，你應該要放在一個地方，你要去拿都很難拿出來的地方」。而她說的這個「地方」，指的就是「安養信託的帳戶」。

　　2.專款專用：透過「專款專用」的優點，委託人可約定信託財產，以定期或不定期的方式，來支付高齡者生活費、安養費或醫療、長照費用，做為保障高齡者生活經濟及長照的經濟來源。簡單來說，就是讓當事人所準備的退休金及保險金，能夠 100% 運用在自己身上。

3. 節制消費：而順著信託「專款專用」這個特性，還可以衍生出來「節制不當消費」的功能。特別是平日花錢如流水的人，若是擔心原本的消費習慣，有可能在退休後，出現入不敷出問題時，其實可以用自益信託的方式，指定信託專戶每個月，只能撥款多少供委託人（或受益人）使用。至於多餘的資金，可以留做未來長照安養等大筆開銷的基金。且如果運用（資產配置）得當，還更有可能累積出更多的退休資金。

當然，除了以上「財產保全」、「專款專用」及「節制消費」三大功能之外，信託也同樣能夠發揮財富傳承及合法節稅的效果。只是對於一般資產不多，只想要安穩退休的中產階級來說，就不具有最大的吸引力了。

正由於安養信託具有「財產保障」、「專款專用」及「節制消費」的特性，所以，安養信託可以是自益型，也可以是他益型。也就是說，不只是高齡者本人，子女也可透過信託規劃，照顧高齡者生活（他益信託）。例如子女透過成立他益型安養信託，可以不用再煩惱或是爭執：父母的財產，該由誰來管理？也不用再擔心父母的財產遭到詐騙，或是被有心人利用。更可以約定信託監察人，避免日後信託契約遭到任意變更或終止。

各自努力，安養信託業務差異大

雖然「安養信託」，就是一般的金錢信託，但是在配合金管會政策性鼓勵、做為銀行「關鍵績效指標（Key Performance Indicator, KPI）」，以及信託業者（銀行）迎合市場退休安養需求之下，一般民眾在與信託業者（銀行）往來中，還可以看到的安養信託業務（商品）存有以下的差異：

1. 不是只有高齡者才能承做，或是依「委託人」的年齡，區分可承做

的安養信託商品。如果民眾上到各家銀行「信託專區」瀏覽，也許會在不同信託業者（銀行）的官網上，看到類似「高齡者身心障礙者財產信託」與「退休安養信託」兩個不同的分類。

這時，讀者可能會丈二金剛，摸不著頭腦了：「退休安養」這個名詞很容易了解，一定是跟「安養信託」有關。但，「高齡者身心障礙者財產信託」中，有個「高齡者」的名字，不是也擺明有退休安養需求的人可以適用？

但是根據個人的了解，之所以會有這樣的區分，最主要是因為金管會對於各銀行安養信託業務的評分，只計算55歲以上的客戶數。所以，有的銀行為了統計方便，刻意將55歲以上，以及55歲以下的安養信託客戶，以不同的商品進行劃分（也就是兩類客戶所買的，是不同的商品名稱）。不過，有的銀行，則是沒有這樣的區分，不論是什麼年齡層的客戶，只要有退休安養的需求，都只有一種安養信託商品及契約。例如合作金庫就為了統計上的方便，針對55歲以下的客戶，就提供「幸福長壽安養信託」商品；如果55歲以上，則提供「幸福長青樂齡安養信託」商品。但兩者的契約內容完全相同。

另外，個人也聽過不少未滿55歲的民眾抱怨，有心想去銀行提早辦理安養信託業務，但卻被銀行因「年齡未滿55歲」而「拒絕」，並且要他們透過特定金錢信託的方式投資。根據銀行的說法，就是出在「金管會獎勵銀行辦理安養信託業務的計算年齡，是從55歲開始起跳」的評分規定上。因為55歲以下的民眾，雖與銀行簽訂安養信託契約，卻不能計入金管會有關安養信託業務的「業績」中。

儘管不論55以下或以上的民眾，都可以承做安養信託，但以上不同銀行推出的，按年齡區分安養信託，可能會在「信託資產運用」，或是「承做

門檻」上面，出現一些的差異。舉例來說，有些銀行的「高齡者身心障礙信託」的承做門檻，最低可到 50 萬元，但（退休型）安養信託的最低門檻起跳是 300 萬元：有的規定高齡者身心障礙者信託的信託資產運用，就只限於銀行存款，不能做其他任何投資。對此，某銀行信託部門就解釋，兩者雖然同樣是特定金錢信託的範疇，受託人沒有投資決定權。但一般安養信託，只集中在定期或不定期給付部分，不強調投資收益。所以，受託人多半將信託財產，擺在非常安穩的定存或活存上：至於退休型安養信託，則可以加入基金等投資標的，但是，投資運用決定權還是由委託人下。有關各銀行在「信託資產運用」方面的差異，我將在第三篇的「結合投資」一文中詳細介紹。

　　2. 依「是否立刻啟動支付功能」，分為「一般型」與「預開型」兩種。 近幾年，部分銀行甚至開始推廣一種叫做「預開型（有的銀行叫做「微型安養信託」）」的安養信託業務，委託人只需要支付銀行一筆小小的信託簽約費、成立信託之後後，就可以每個月固定存入金錢：當然，也可以初期存入一筆小額金錢，到一定歲數後再開始追加。也就是說，「預開型安養信託」委託人可以在年輕心智無虞時，預先和受託機構討論自己未來年老或失能失智時，啟動安養信託之內容，並且簽訂預開型安養信託契約。

　　至於簽約之後，委託人還能有足夠時間洽詢信託監察人，設算預計投入信託的資產規模、未來每月擬提領的費用，以及納入安養信託的資產如何配置…等細節。日後，當委託人年紀漸老，或身體健康出狀況時，就可依照當初所規劃好的信託內容，來啟動各項費用的支付。而且，受託人（銀行）在這個時候，才會開始收取信託管理費。

　　實際與銀行簽立預開型安養信託的委託人，只需要在簽約時，繳交 3,000 至 5,000 元不等的簽約費，之後一直到信託帳戶開始撥款支付相關費用前，都不需再繳交信託管理費。

　　如此一來，信託委託人不但可以利用這項工具，及早進行退休安養的安排與規劃、同時享有信託財產運用所產生的收益，卻也不必太早支付信託管理費。然而，儘管預開型信託除了簽約費之外，受託銀行不會另外收取信託管理費。以遠東銀行為例，預開型信託的委託人，只要不做任何支付動作，無論專戶中進來多少資金，就只收最初的開辦費（一般是 3,000 元上下，目前最低約 1,000、2,000 元），之後的信託管理費都不會收取。

　　但仍有少數銀行，則會訂有存入資金的門檻，超過此一門檻，雖然是預開型信託，在某些情況下，也是會收取信託管理費的。例如彰化銀行的開辦費是 1,000 元（如果開辦時，申請電子帳單，則可免此開辦費）。但是，信託資產在 10 萬元以下，不收 0.5% 的信託管理費；如果超過，則依舊要收 0.5% 的信託管理費。

　　另以元大銀行為例，「預開型安養信託業務」的客戶只要在簽約時，繳納信託簽約費（制式化契約只要 1,000 元），只有在動用信託財產給付第一筆費用時，才必須開始支付信託管理費（0.1%，且無每月最低費用）。

　　當然，預開與一般安養信託的差異，還並不只在於「收不收信託管理費」上，主要還是看委託人成立信託的「目的」。這是因為預開型信託的目的，主要是委託人為自己未來安養所需，並透過信託帳戶累積信託資金。委託人在簽訂信託契約之後，可以「不定期」或「不定額」的極彈性方式，將財產存入到信託專戶。

　　至於一般安養信託，則大多是應高齡者或身心障礙者安養所需，所成立的信託。正因為這群委託人（受益人）有立即安養的需求，通常為大筆資金交付信託。所以，一般與預開型安養信託的差異，請見表 4-1-1。

　　此外，不論是一般安養信託，或是預開型信託，都是屬於「金錢信託」。

但在信託資金運用上，不同銀行對於這兩種信託業務，在信託資金運用上，也有不同的規定。

有些銀行的預開型信託，由於制式化契約設計的因素，委託人不能做任何投資（資金運用只能放在定存或活存），但其他業者的預開型信託，也許可以進行投資。例如元大銀行的制式化預開型安養信託契約，其信託財產就可依委託人的指示，進行投資運用、選擇符合自己風險承受等級的商品（限銀行架上的投資標的），不限於存放於定期存款。

表 4-1-1 預開型與一般型安養信託的區分

	預開型	一般型
安養需求	未來需求	立即需求
信託資金交付	初期 1,000 元就能成立，之後可不定期、不定額投入資金	一次一整筆資金，但後續可追加
相關費用	簽約費	簽約費、信託管理費、修約費
信託管理費	不定期支付之前，不用支付	信託成立後就開始定期支付信託管理費
信託資產運用	多數不限定存，可投資	視各家規定不同，就算可投資基金或 ETF，銀行並不鼓勵，且投資指示也要由委託人下

資料整理、製表：李雪雯

而華南銀行也認為預做退休規劃，不是只有高齡者需要，各個年齡層民眾都需要。因此，就以預開型信託為出發點，創設「退休金長大方案」信託，在累積退休金期間的信託管理費給予優待費率；且，在實際支付時，才開始收取信託管理費。

表 4-1-2 自益、他益及共益型安養信託的受益人、架構及相關稅負問

樣態	受益人	架構說明
自益型	委託人	為保障委託人本人的利益，而成立的安養信託。契約中約定由受託人，以信託財產支付委託人的生活、安養照護、醫療，或其他照顧需求等費用，以達到「維護財產安全」，以及「專款給付」的目的
共益型	委託人與其配偶或其指定的人	委託人在簽訂自益信託契約時約定：當遇到委託人自己無法處理其生活、醫療照顧，或財產管理等事務時，由其配偶或其指定人，擔任其共同受益人；而當共同受益人一方死亡時，信託契約並未立即消滅，而是由另一方繼續擔任受益人
他益型	委託人的長輩、配偶或其指定的人	委託人為保障其長輩、配偶，或其指定人的利益，而成立的安養信託，契約約定由受託人，以信託財產支付受益人的生活、安養照護、醫療，或其他照顧需求等費用，以達到「維護財產安全」及「專款專用」的目的

資料來源：《高齡金融規劃法規及實務解析》第 325-326 頁
資料整理、製表：李雪雯

　　3. 依「委託人是否擔任受益人」，分為自益、他益及共益安養信託。依「委託人是否擔任受益人」來區分，理論上安養信託也可以分成「自益型」、「共益型」與「他益型」三種樣態（受益人、架構及相關稅負問題，請見上表 4-1-2）。

相關稅負問題
因為是委託人自己擔任受益人，所以在成立信託時，並沒有贈與說的課徵問題
因為是以委託人自己及他人擔任受益人，如果是配偶以外的「他人」，他人（共同受益人）在開始享有信託利益時，才會有贈與稅的課徵問題
由於是以「委託人以外」的他人為受益人，除非受益人是委託人的配偶，否則，將依委託人是自然人或營利事業的不同，而有贈與稅，或是所得稅的課徵問題

信託契約設「共同受益人」好嗎？

根據信託業者的說法，「設定共同受益人」不是不可以，但就算是較沒有稅務（主要是遺產及贈與稅）問題的夫妻，同列共同受益人，在實務上仍有日後的繼承問題必須考量。

當然，如果夫妻沒有小孩或其他繼承人，問題比較不大。但如果有，當

夫妻中的某一人先離世時，其未享有的信託利益，就會成為其遺產，並由有繼承權的親屬繼承。在信託契約尚未終止前，有繼承權的親屬，就可能會向法院提起訴訟，要求銀行返還這筆錢。如此一來，很容易造成銀行執行上的困擾。因此，當有共同受益人時，銀行可能的做法會是：在信託契約中明訂：當共同受益人之一身故時，信託契約即行終止。之後，假設另一位仍生存的共同受益人，還想要訂立信託契約，則再與銀行恰談及簽立新的信契約。

當然，這種方式仍有風險存在。首先，當另一位仍舊生存的共同受益人「無行為能力」，並被法院宣告為輔助或監護宣告時，除非無行為能力的共同受益人，提早預立意定監護契約，否則，其監護人是否會以當事人的利益為優先，再與銀行簽立信託契約，是會有疑問的。

其次，假設信託契約要列共同受益人，就一定要設定受益的比例，日後銀行的定期或不定期給付，才能夠分別匯到不同的指定帳戶中。但由於銀行的作業成本增加，信託管理費自然也會比較高些。

再者，設「共同受益人」也會增加修改契約的難度（包括提前終止），所以在實務上，如有兩位以上受益人，銀行多半會建議依各受益人不同狀況，分別簽訂信託契約，以避免產生紛爭，以及增加銀行後續管理上的複雜度。

根據一家銀行的說法，該行制式化的安養信託，一定是自益信託，且只能有一位受益人；假設夫妻要做一份安養信託，就不適用制式化契約，或是得簽立兩份合約。

但是，為了避免日後夫妻其中一方因為失能或失智，而無行為能力，個人也建議委託人在簽立兩份信託契約時，可互相將對方設為信託監察，讓夫妻雙方都能受到保障。

安養信託的特色

不過，儘管安養信託可以設計成「自益」、「共益」及「他益」型，但目前實務上，純粹以退休安養為目的的安養信託，大多數還是「自益型」，也就是有退休安養目的的人，以自己為委託人成立信託。至於共益型，則因為運作及繼承等問題複雜，目前信託業者（銀行）並不願意承做。

當然，市場上也有子女，為了照顧父母的退休安養及醫療照護等需求，而成立「他益型」安養信託（委託人是子女，被照顧的父母則是受益人）。有的銀行（例如合作金庫），還發展出結合「母契約（自益型）」及「子契約（他益型）」的「家庭福利信託」）。其架構是以「家庭」為單位，從「家庭」角度思考，依每個家庭不同的結構量身訂作契約內容，將各家庭成員需求，包括生活、教育、醫療、居住及扶養等需求，以母子契約的方式廣納入「家庭福利信託」契約，運用自益信託及他益信託的交互搭配，達到對家庭各個成員預作每一階段人生準備。

但事實上，這種家庭福利信託的目的，只是將「退休安養（第一代）」及「資產傳承（給第三代）」兩大需求，合而為一個信託契約（以「退休安養」為目的的母契約是「自益信託」；以「資產傳承」為目的的子契約，則是「他益信託」）進行運作。

總的來說，正由於安養信託成立的目的，是為了照顧高齡者的退休生活（保障受益人未來生活之財產管理、資產保全、安養照護、醫療給付…等），所以，現行安養信託有以下幾大特色：

1. 以「金錢信託」為最大宗。一般在信託業務的分類上，是以「交付信託的資產」為準。而根據彰銀的說法：正由於安養信託是以金錢為最大宗（只

是其信託目的，是針對當事人退休安養上的需求提供協助），所以，安養信託又以金錢信託為主。

2.「定型化契約」的設計。由於信託原本設計出來，就是提供非常客製化的服務。所以，只要是客戶能想的出來的需求，信託業者都會在能力可及的範圍之內，提供相對應的服務。然而，客製化契約服務，卻有其缺點存在：

因為首先，過於天馬行空的想法，以及信託幾乎無所不能、無所不包的彈性服務，很難讓客戶的真正需求「明確」及「一目了然」，自然也很難讓客戶當下就「埋單」。

其次，客製化服務因為信託業者提供的服務項目非常多、範圍也很廣，所以，相對在承做的金額門檻，相關費用的收取上，自然也會比較制式化契約來得高。也就是說，客製化的信託管理費，要比標準化為高，且一定不會是目前讀者在各家銀行在官網上，看到的公告收費標準。雖然制式化安養信託契的優點，剛好彌補了客製化信託契約的缺點。但相對的，就會產生一些制式化契約的缺點—缺乏太多彈性。這裡指的「缺乏彈性」通常會出現在「資金運用」及「信託給付」上。

例如信託資金只是放在存款，則是屬於標準化的信託契約（不論預開型或一般安養信託都可）；如果信託契約裡，牽涉到資金的管理運用，以及更多樣性的資產，都是屬於客製化的信託契約範圍。舉例來說，有的制式化安養信託契約（特別是微型安養信託）在「信託資金運用」上，就只限於「100%存款」，不得進行其他投資，就算是委託人下投資指示也不行。又例如在「信託給付」上，儘管各銀行有「定期」及「不定期（特別）」給付兩種，且會有「開放式」的空格，讓委託人填寫。但是，如果委託人有過多的「要求」，契約就只能走「量身訂做」一途（相關差異請見基礎篇的「信託給付」）。

3.「彈性給付」的設計。過去的安養信託業務，多數是採取「定額給付」的方式。但這種方式，常常會因為彈性不足，而難以支應隨年齡增加的醫療負擔。因此，各銀行新推出的安養信託業務，都已經加入可隨物價、生活環境調整的「彈性給付」方式，以及約定支付不固定金額的醫療費、養護機構費等情境，可方便各種不同需求及狀況的委託人使用。

4.多元受理、集體管理。在交付信託資產方面，過去都必須依照不同的信託資產，分別簽立不同的信託契約。如今在「多元受理」模式之下，信託

圖 4-1-1 台灣銀行「樂活人生安養信託」架構圖

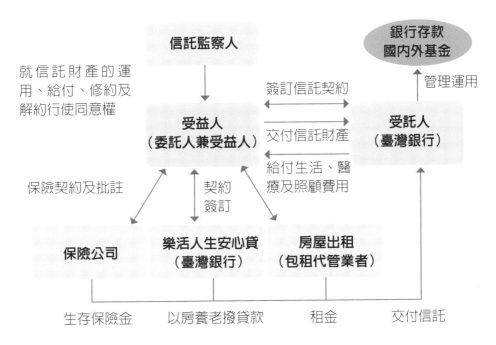

資料來源：台灣銀行

業者（銀行）已經可以單一信託契約之中，一次納入現金、保險金、股票、不動產等各類資產。例如台灣銀行的「樂活人生安養信託（請見圖4-1-1）」，客戶（委託人兼受益人）可以交付的信託財產，就包括了「金錢」、「以委託人本人為生存保險受益人的保險契約可得受領的保險金」、「以房養老的撥貸款」，以及「租金」等。

安養信託的運用

又再以彰化銀行為例，也可以把金錢與投資等資產，全都放在同一張信託契約之中。之所以能夠如此，最主要還是因為以上述資產為例，都屬於「金錢」的範圍。

最後，信託資產的運用多半極為「保守」。原因就在於：目前信託業者（受託銀行）的安養信託業務，都是以「特定金錢信託」或「指定營運範圍或方法的金錢信託」的架構。例如彰化銀行的制式化安養信託契約範本名稱，就是寫「特定單獨管理運用金錢信託契約書」。也就是說，銀行信託部門並不負責投資標的的推薦，一切投資指示，都是由委託人自行決定。

再以國泰世華銀行所推出的「微型安養信託」為例，由於開辦費用低，商品設計就更為簡單。只接受「金錢（現金）」，且銀行在幫客戶規劃資金的運用或給付上，也非常簡單，就只有「放在銀行做活存、定存」，以及「定期給付」一項而已（給付不定期，且資金多的，並不屬於微型安養信託的服務客戶對象，需要額外進行「客製化」簽約及收費）。

這種微型安養信託的資金運用，之所以只放活存或定存，一方面是不鼓勵高齡者承擔太高風險，另一方面，幫客戶進行投資，也是有一定成本的。

既然微型安養信託，是屬於「普惠金融」的範圍、收費不能太多，自然就難以因應客戶的不同需求，而提供客製化的資金運用及給付方式。

由於一般安養信託的架構，是由委託人概括指定信託資金營運範圍或方法」的「指定單獨管理運用的金錢信託」。以上海商銀為例，委託人與上海商銀（受託人）簽訂安養信託，且雙方可約定信託財產運用在存款的範圍之內，受託人（銀行）才有「選擇哪一種活存、定存」的運用決定權。

在此同時，該銀行目前安養信託業務的信託資金運用，也可以是銀行上架的股票、基金、ETF、債券，或甚至是集合管理帳戶（目前連線系統尚未完成）……。從這部分來看，安養信託又比較像是特定金錢信託，所有投資指示，都是由委託人來做。當然，銀行也可以承作「不指定營運範圍或方法的單獨管理運用金錢信託（即「受託銀行」具有投資決定權）」的業務。只不過業者坦言，就算客戶願意與銀行簽立不指定營運範圍或方法的單獨管理運用金錢信託契約，受託銀行受限於《信託業法》的規定，在投資運用上還是非常保守。

所以實務上，業者提供的「信託資金運用」選項，多半是是最低風險等級的標的。甚至，還有信託業者在辦理「安養信託」業務時，就在契約中限定「只能運用於存款」。

若嫌資金運用太保守，變通方法任你選

根據上海商銀表示，基於退休金必須符合穩定及保守的原則，假設民眾與銀行承作「安養信託」業務，一般受託銀行所採取的方式，就只有「存銀行定存」一途。

　　但如果客戶不想把信託資金，放在收益率極低的銀行定存上，個人比較建議客戶可以採取「安養信託＋特定金錢信託」或是「安養信託＋指定用途信託」的方式進行，相關業務運作方式，以及費用成本比較請見（表 4-1-3、表 4-1-4）。

　　當然，由於信託契約是可以量身訂做的，所以，假設安養信託的客戶資金不多，或是不想交由銀行信託部全委代操，也可以選擇「指定由其指定的

表 4-1-3 民眾與銀行往來時，與投資相關的三種信託業務比較

程度	最單純
名稱	特定（單獨管理運用）金錢信託
法條	《信託業法施行細則》第 8 條
投資決策	客戶
承做門檻	單筆或定期定額 1,000 元以上
投資範圍	股票或債券型基金、ETF
外加費用	申購手續費、贖回費用（信託管理費，年率 0.2%）

註：此為上海商銀「安養信託」的承作規定，不同銀行金額門檻不同。
說明：
1、《信託業法施行細則》資料來源：https://www.bot.com.tw/Business/Trusts/Documen
2、投資決策是指投資標的類型、股債比例及買賣時點選擇。
3、安養信託＋全委可以包裝成為一個商品，也可拆開來，單純只做安養信託（例如資金只

信託監察人或第三人，代委託人進行投資標的的選擇及變動」，或是「預先指示就一直放在某一標的（例如0050），然後永遠都不更換標的」。

總的來說，目前一般安養信託的資金來源，是以「現金」、「有價證券（透過發放的股利、股息，做為信託受益人」的生活費來源）」、「保險（約定將保險理賠金，做為信託資產的來源）」及「不動產」為主。且由於信託契約是由雙方當事人（委託人與受託的金融機構）約定，內容也是依照委託

	較複雜	最複雜
	安養信託＋指定（單獨或集合管理運用）金錢信託（指單或集管帳戶）	安養信託＋全委代操
	《信託業法施行細則》第 7 條	《信託業法施行細則》第 7 條、《信託業兼營全權委託投資業務操作辦法》第 2 條。
		受託人（銀行）
	100 萬元以上^註	1,500 萬元以上
	股票或債券型基金、ETF	理論上，範圍可以超出股票或債券型基金、ETF，包括上市、櫃股票、集合管理帳戶等
	申購手續費、信託管理費（年率 0.3% ～ 0.5%）	申購手續費、信託管理費（依各別契約為準，且可固定或按級距收費）

ts/trusts05.pdf

放存款不投資），或是將不涉及每月生活所需的部分，單純交由銀行做全委投資。

人的需求，以達到量身設計與規劃的目的。所以，信託業務的實務運作，其實可以有更多種千變萬化。

根據信託公會的整理，目前信託業者（銀行）推出的安養信託創新組合型服務不少（請見表 4-1-5）。不過，由於這本書的定位，是以一般大眾的退休規劃為出發點。所以，本書就只介紹與個人有關的幾個信託業務，且是以個人承做最多的「金錢」、「有價證券」、「不動產」及「其他」幾大類型，進行分類及解說，值得想要替自己安排退休生活費用的民眾參考。

表 4-1-4 相關全委代操及相關信託業務比較

	投資決定權	投資標的範圍
組合式基金	投信業：投資人決定積極、穩健或保守型，其餘由組合式基金經理人決定	各種共同基金或 ETF
指定單獨帳戶	信託業：投資人決定加入哪一個帳戶？其餘由受託人決定投資標的	各種投資標的，包括股票、基金、ETF、不動產、商品或債券等，法規所核准的任何標的
集合管理帳戶	信託業：投資人決定加入哪一個帳戶？其餘由受託人決定投資標的	各種投資標的，包括股票、基金、ETF、商品或債券等，法規所核准的任何標的
全權委託投資	代操業者	法規所核准的有價證券

資料整理、製表：李雪雯

表 4-1-5 安養信託創新組合型服務

方向	創新業務組合
與金錢（投資）結合	1. 預開型安養信託（上海商銀最早推出） 2. 與投顧（阿爾發投顧）合作，提供委託人適合的資產配置及股債平衡建議，同時可以定期將部分投資金指名捐款（例如遠東銀行） 3. 指定單獨與集合管理帳戶（例如：上海商銀、台新銀行、中國信託商銀、台北富邦銀行） 4. 投資建議由特定金錢信託，結合 AI 機器人理財系統提供（例如合作金庫、華南銀行、第一銀行） 5. 員工福利信託（元大銀行、玉山銀行、第一銀行）
與社福團體合作	由社福團體擔任信託監察人
與長照機構合作	1. 與長照機構合作，建置自動支付系統（例如：合庫長照金融管家） 2. 與醫療照護產業合作，以提供有需要的民眾選擇
與不動產結合	1. 一條龍 2.0 整合服務：興建二代宅等安養設施（合作金庫） 2. 留房養老（不動產包租、代管業務）＋信託（三信銀行、兆豐銀行、遠東銀行） 3. 不動產保全信託 4. 以房養老＋信託（合作金庫、台灣銀行、第一銀行），甚至，進一步結合年金保險（華南銀行、臺灣企銀）
與意定監護契約結合	意定監護信託（上海商銀、第一銀行、華南銀行）
與遺囑結合	遺囑信託（第一銀行）

資料整理、製表：李雪雯

4-2

安養信託與「投資」的結合

　　根據信託業者（銀行）的解釋是：安養信託的主要功能在於「定期支付」，所以其投資標的，多半會集中在非常保守的金融商品工具上，例如銀行定存。

　　然而，對於距離退休日期還早，或是退休後仍有投資理財需求的人來說，受託銀行投資方式過於保守，反而成了大家無法接受的一大理由。

　　現階段，儘管信託業者在信託財產的管理及運用上，只有「不得指定投資於《金融消費者保護法》第 11 條之二的『複雜性高風險商品』」規定，但實務上，多半只可以運用在「存款」、「投資基金」、「投資債券」，以及「其他經委託人指定的投資標的」（請見圖 4-2-1）。

圖 4-2-1 安養信託的資金運用

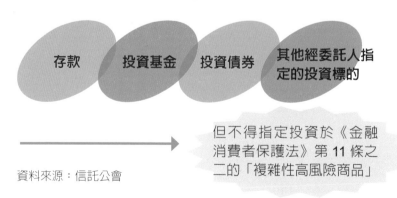

存款　　投資基金　　投資債券　　其他經委託人指定的投資標的

但不得指定投資於《金融消費者保護法》第 11 條之二的「複雜性高風險商品」

資料來源：信託公會

根據信託業者（銀行）的解釋是：安養信託的主要功能在於「定期支付」，所以，它在信託資金的運用上，會因為受託銀行避免造成信託資產虧損、無法達到委託人獲得定期、不定期給付，或是「單純資產保全（避免大筆資產被歹徒詐騙光）的目的，而只停泊在非常保守的工具上，例如銀行定存。然而，對於距離退休日期還早，或是退休之後，仍有投資理財需求的一般大眾來說，受託銀行過於保守的投資方式，反而成了民眾難以接受安養信託的一大理由。

儘管目前有些銀行所提供的安養信託業務，是可以允許將信託財產，運用在活存及定存以外的各種基金或 ETF。但由於安養信託，是屬於特定金錢信託範圍。所以，「下投資決定」的人，還是必須由「委託人」本人執行。只不過，對於非投資專業的一般民眾來說，如何在茫茫投資標的（成千上百檔股票、債券型基金或 ETF）中，挑選最具有「獲利潛能」的幾檔，恐怕都是一項「非常考驗」。

根據目前擔任客戶信託監察人，且具有國際認證高級理財規劃顧問（CFP）資格的駱潤生的觀察，一般銀行會按照《信託業建立非專業投資人商品適合度規章應遵循事項》的規範（請見表 4-2-1），先確定客戶的投資風險屬性，再推薦適合的金融商品給客戶選擇。

投資風險難預測，信託仍有無解的難題

也就是說，非專業投資人的風險屬性若是「穩健型」，就不能買超過自己風險屬性（例如「積極型」）的金融商品，且依然會有以下兩大難解的缺點：

首先，**投資仍需客戶決定。**通常不會幫客戶進行積極性的財富管理，且

表 4-2-1 《信託業建立非專業投資人商品適合度規章應遵循事項》重點

應包含項目	1. 客戶風險承受等級分類（KYC）2. 商品風險等級分類（KYP）3. 客戶風險承受等級及商品風險等級的適配方式 4. 避免不當推介、受託投資的事前及事後監控機制 5. 員工教育訓練機制
考量客戶內容	身分、財務背景、所得與資金來源、風險偏好、過往投資經驗、委託目的與需求
綜合資料	1. 客戶資金操作狀況＆專業能力 2. 投資屬性、對風險瞭解、風險承受度
界定商品風險等級應確認事項	1. 商品合法性、投資假設及風險報酬合理性、受託投資適當性、有無利益衝突情事 2. 提供給客戶的商品資訊、行銷文件，揭露的正確性、充分性
評估期間	超過 1 年要再評估

資料整理、製表：李雪雯

一般在最初選定投資標的及資產配置（現金、定存與基金、ETF）之後，大概就放著不管了。除非委託人自行投資，否則，銀行不會做進一步的投資或資產配置的建議。其次，只限銀行架上投資標的。銀行會推薦的商品，多半只限於銀行架上的商品，且多半是管理費較高的共同基金，而不是總費用率低的被動式 ETF。假設投資人頻繁轉換，投資成本就會被墊高。

為了解決安養信託客戶所遇到以上困擾，目前提供安養信託業務的銀行業者，先是採取了以下幾個「變通」的辦法。

變通之道 1 · 由銀行理專提供投資組合建議：例如有的銀行便是透過銀行理專，提供給安養信託客戶有關投資標的選擇的建議。這是因爲說到底，安養信託就是「特定用途金錢信託」。如果客戶需要幫忙代操或提供投資建議，就只能另外推薦投信、投顧給客戶。

當然，銀行也會提供給信託委託人，一定的優惠好處。例如由銀行理專，依客戶的投資風險屬性，推薦合適的標的的彰化銀行，會在申購上提供 3 折的優惠（股票型基金原申購費是 3%、債券型是 1.5%）、信託管理費一律是 0.2%。但老實說，個人認爲這樣的做法，仍有其缺陷存在。

（1）無法完全避免客戶被理專「頻繁洗單」。雖然銀行在銷售金融商品時，都必須依照 KYC 等相關規定辦理；再加上重新申購或贖回，都需要經過臨櫃或紙本作業及處理，已可大幅降低頻繁買賣的問題。但是，由於理專的收入結構，是以「手續費收入」爲準。所以，客戶仍然無法 100% 避免被理專「頻繁洗單（理專爲了業績的達成，必須讓客戶頻繁申購及贖回不同的投資標的）」的問題。

（2）無法幫助客戶杜絕投資上的人性問題。這是由於投資人常常因爲個性上的貪心與害怕，無法在行情大漲或大跌時，藉由「股債再平衡（行情大漲時，賣出獲利的資產；在行情大跌時，要買進跌深的資產）」的方式，進一步提升整體投資組合的獲利。

例如中租投顧副總經理蘇皓毅之前，就以內部曾做過的研究指出：當市場波動大時，客戶如果沒有做「再平衡」，則投資組合績效會少了近 4 成。所以，客戶適時地進行「投資再平衡」，是有其價值存在的。

（3）客戶投資內容，只能以該銀行上架的投資標的爲限。事實上，並非客戶想要指示投資什麼標的，信託部門都可以照做，且標的就只限於銀行

投資商品平台上的標的。假設是不在平台上的標的，還需要經過銀行逐案審核通過才行。

彰化銀行解釋，之所以以銀行上架的投資標的為限，主要是依照《金融消費者保護法》、《信託業營運範圍受益權轉讓限制風險揭露及行銷訂約管理辦法》等法規的規定，銀行對於客戶可投資標的，都必須辦理商品審查及後續的風險適配的審核。所以，如果客戶想要投資的標的，並非銀行已上架的商品，依法就必須重新申請審核。簡單來說，現階段各銀行承辦的安養信託業務，就只能開放委託人，投資架上「符合自身風險屬性」的商品。

當然，也有銀行私下表示，安養信託連結任何投資類型（基金、ETF 或債券），都需要進行電腦系統的變更，且系統就算只增加一個小小的功能，其費用動輒就是數百萬元起跳。在銀行看不到太多獲利的前景之前，不是每一家銀行都願意先花錢修改軟體！

變通之道 2．特定金錢信託結合 AI 機器人理財：為了解決以上問題，有的銀行再進一步，想出了「安養信託及特定金錢信託結合 AI 機器人理財」方式。不過，值得注意的是：銀行推出的這種「AI 機器人理財」系統，並不是專為安養信託客戶所創造，而是單純為了拉開與其他銀行特定金錢信託的業務差異、提高客戶整體報酬率所創造出來的。也就是說，與銀行簽立（預開型）安養（金錢）信託的客戶，除了可以選擇各銀行平台上上架的各個基金、ETF 及股票等標的外，也還可以連結這種 AI 機器人理財服務。

而將「特定金錢信託（AI 機器人理財）」與「安養信託」的結合，其最主要的考量在於：客戶在費用成本上「不會被剝兩層皮」。因為原本特定金錢信託，就會向客戶收取一筆信託管理費；而客戶與銀行簽立安養信託契約，也要被收取一筆信託管理費。但是，如果客戶是透過安養信託的帳戶，連結

銀行的「AI機器人理財」帳戶，銀行就只會收一筆信託管理費，而不是兩筆。

　　簡單來說，屬於銀行特定金錢信託範圍的「AI機器人理財」系統，就是透過「股債再平衡機制」，幫客戶進行投資理財。目前，合作金庫、華南銀行及第一銀行，都有提供安養信託委託人此一服務選項。但值得注意的是，雖說「再平衡機制」，是AI機器人理財的核心重點。但是，「有沒有辦法『自動再平衡』」，恐怕才是決定「能否真正幫助投資人，克服『下不了手停損或停利』人性障礙」的最大關鍵。

　　因為目前投資人，只有透過「指定單獨管理運用金錢信託」帳戶，才能享用真正「自動再平衡機制」（包括下面要介紹的「AI機器人理財＋安養信託業務」）。除此之外的投資人，就只能在特殊的時點，由金融機構寄送「再平衡」通知信，在投資人表達「同意」之後，才會由系統贖回投資組合中，應調降比例的投資標的（例如基金或ETF）、應申購應調高比例的投資標的（基金或ETF），或是買入新標的、賣出舊標的。

　　也就是說，只要是非「指單」、「集管」帳戶的系統（因為兩者屬於「指定營運範圍或方法的金錢信託」，委託人只需要在「一定範圍之內『指定』」即可，請見「3.1 特定、指定、不指定金錢信託」單元介紹），沒有委託人的「同意」，都不會自動幫助投資人（委託人）做投資組合的「再平衡」動作。而且，投資人只能100%接受，或拒絕系統所建議的「再平衡投資組合配置內容及比例」，不能自行調整申購或贖回標的的比例（參見表4-2-2）。

　　變通之道3.AI機器人理財＋安養信託：目前這部分，又以遠東商銀的腳步最快。其是採取「異業結盟」的方式，由阿爾發（Alpha）投顧與客戶，簽立證券投顧委任合約，提供客戶投資顧問建議；再由客戶下達對受託人的指示。所以，阿爾發（Alpha）投顧的角色是：「信託期間，提供委託人投

表 4-2-2 銀行推出的機器人理財特定金錢信託業務

代表業者	合作金庫銀行
商品名稱	i 庫博
委託專業投資團隊	商智資訊公司
最低投資門檻	單筆：1 萬台幣或 500 美元 定期定額：3,000 台幣或 150 美元
最高投資金額	不限
風險屬性	保守、穩健、積極
投資組合數	台、外幣各 9 個
每一投資組合標的數	2～8 檔基金
投資組合上限	不限
是否有配息	有
部分贖回	可以
申購手續費	無
基金管理費（內含）	視基金公司而定
年信託管理費	0～1%
贖回手續費	無

資料來源：合作金庫銀行「i 庫博」、華南銀行「好基智」、第一銀行「e-first 智能理財」
資料整理、製表：李雪雯

華南銀行	第一銀行
好基智	e-first
富蘭克林金融科技公司	晨星投研機構
單筆：3 萬台幣 定期定額：3,000 元台幣	單筆：3 萬台幣 定期定額：3,000 元台幣
不限	不限
積極、成長、穩健型	保守、穩健、積極
9 個	10 個
3 ～ 7 檔基金	8 ～ 10 檔基金，但排除後收型、現金配息型及閉鎖型基金
不限	10 個
無	否
可	可
無	無
有（每檔基金管理費不一樣）	無，只收平台使用費
1%（平台服務費）	0.88%
華南銀行	無

資資產配置的建議，以及「主動幫委託人進行動態股債平衡工作」。

　　總的來說，將「AI 機器人理財」直接納入「安養信託」之中，或是將指單及集管帳戶，與安養信託契約結合，可以解決信託委託人以下兩大問題：

　　（1）協助投資人在市場大漲或大跌時，進行紀律性的「股債再平衡」。

　　（2）當委託人不幸遇到失能或失智，需要啟動信託定期或不定期支付功能時，只要信託監察人或監護人通知受託銀行即可。但值得委託人注意的是：假設委託人是與受託銀行簽立預開型信託（成立後可暫時不用支付信託管理費），再連結一個特定金錢信託的「AI 機器人理財」業務，屆時，必須由委託人的監護人將特金業務結清，並把錢轉到預開型信託帳戶中，才能開始啟動後續的支付活動。

　　然而，把投資與一般（非預開型）安養信託結合的最大優勢在於：就算委託人的信託財產，都是放在基金或 ETF 上，受託銀行在委託人發生失能或失智，必須啟動給付動作時，就會依照契約的指示，陸續分批將投資標的贖回，以確保支付給信託受益人（同委託人）的定期給付金額相同。

　　不過，儘管「安養信託結合特金 AI 機器人理財」這樣的做法，已經更進一步地解決了，有投資需求的安養信託客戶問題。但在信託資金運用方面，仍有其「未盡之處」—以上透過特定金錢信託的「AI 機器人理財」系統依規定，還是只能提供「股債再平衡」的建議，並不能直接幫投資人，進行單筆申構或贖回標的（請見表 4-2-3）。

166

委託人透過信託轉換投資標，均須以紙本或親自臨櫃處理？

而且，「變更投資標的時的手續較爲麻煩」。這是因爲，如果委託人是透過「特定金錢信託」管道進行投資，凡是「定期定額」投資部分，只要第一次「臨櫃」辦理即可；且買（申購）賣（贖回）下單，都可以透過網路系統辦理。

至於安養信託部分，目前依《信託業法》的相關規定，所有契約都必須以「書面」爲準。所以，如果委託人要下任何資金運用的指示（例如投資標的與金額的買賣），不是得臨櫃辦理，就是先打電話給銀行，銀行製作一份「指示書」，由客戶簽名後寄回給銀行（目前依法只有特定金錢信託，可以透過網路上進行下單及買賣）。又例如華南銀行的「退休金長大方案」，如果是採定期定額投資，只要第一次到銀行臨櫃辦理即可；但如果是單筆投資，目前依法，每次都得臨櫃辦理。且由於自 20220 年 9 月 1 日起，金管會規定凡是 65 歲以上高齡客戶，銀行銷售風險屬性高（例如屬於 RR5 等級），或較爲複雜的商品，都需要進行錄音存證。所以，爲了考量客戶的風險性，所有銀行安養信託的委託人，在下任何投資指示時，雖是由理專提供建議，但一律得「臨櫃」進行，目前並不開放網路下單的選項。

當然，以上變更都需透過紙本，或是必須臨櫃辦理的規定，對委託人來說可能會「非常不方便」。只不過，假設客戶投資標的沒有常常變更，這樣的「不便利」，也許並不會造成委託人太多的困擾。

表 4-2-3 透過不同管道從事 AI 機器人理財的比較

項目	特定金錢信託	指單帳戶
代表業者	合作金庫、華南銀行、第一銀行	中國信託商銀、台北富邦銀行
最低投資門檻	單筆：1～3 萬台幣或 500 美元 加碼／定期定額：3,000 台幣或 150 美元	單筆：1 萬台幣或 35 美元
最高投資金額	不限	1,000 萬元
風險屬性	保守、穩健、積極	RR1～RR5
投資組合數上限	不限	15 檔基金或 ETF
部分贖回	可	不可
申購手續費	無	無
基金管理費（內含）	合庫：視基金公司而定 一銀：無，只收平台使用費 華銀：有（每檔基金管理費不一樣）	股票型：1%～2% 債券型：1%～1.5% 以上視基金規模大小而定
信託管理費	合庫：0～1% 一銀：0.88% 華銀：約 1% 左右（平台服務費）	0.79%～1%
贖回手續費	無	無
可否自動再平衡	不可	不可
相關稅負	境內基金：利息、股利所得稅、海外所得稅 境外基金：海外所得稅，只在有實際收益時才課稅	

資料來源：各業者及阿爾發（Alpha）投顧網頁　資料整理、製表：李雪雯

安養信託	非信託業者
遠東銀行 + 阿爾發投顧	中租投顧
單筆：1 萬美元 定期定額：1000 美元	【初次投資】 台幣：3 萬元 美元：1,000 美元 【追加投資】 台幣：1,000 元 美元：100 美元
無上限	無上限
RR1 ～ RR5	只限 RR5
理論上無上限，但通常會是以一個投組來做此帳戶的投資規劃	每個用戶最多可開 5 個投資組合
可	不可
證券交易手續費 0.2%（無最低投資門檻限制）	無
美股 ETF 投資組合：0.09% ～ 0.19% 台股 ETF 投資組合：0.35% ～ 0.69%	資產規模新台幣 10 萬元以下：1.2% 資產規模新台幣 10 ～ 100 萬元：1% 資產規模新台幣 100 萬元以上：0.8% 年信託管理費
1%（含銀行信託管理費）	無
證券交易手續費 0.2%（無最低投資門檻限制）	0.6%（若原本申購新台幣 3 萬元而未滿 30 日贖回，則將額外收取 180 元）
可（調回客戶原始期初投資組合配置比例）	不可

4-3

給「即將退休者」的投資建議……

建議「每年進行財務體檢」（或生涯模擬）：

1. 依現有條件及各種推估，了解現有資產可支應多久的退休生活？已備妥的資產是否屬於「安全水位」？

2. 進行資產配置：原屬「積極型」的資產組合，理應轉往「保守型」的組合。

3. 檢視現有保險的保障是否充足？

之前，曾有一篇國外的文章，引用 PGIM 投資管理公司退休研究長布蘭奇（David Blanchett）的說法表示，退休才沒多久的投資，對市場震盪的承受度最為脆弱。所以，他得出「金融市場大跌的 2022 年，是個危險退休年」的結論。

當然，退休之際才遇到金融市場大跌，對於退休者來說，有的人還有選擇，有的人則無從選擇，例如退休年齡已到，不得不屆齡退休。但不論如何，個人會建議預備要退休的人，可以從以下幾個角度思考：

首先，就是要先檢視自己所準備的退休金，是否足夠退休後的生活？預備退休的人得思考：有沒有辦法延後退休？假設當事人受限於大環境的限制，不得不屆齡退休。那麼，就要另外想辦法「開源」、「節流」，以便讓退休計畫不受到任何干擾。舉例來說，可以找兼差的工作、把個人嗜好，想辦法

「變現（變成現金）」；又或許有自住房，也還能夠透過「以房養老」，「榨」出一些退休金出來。亦或是可以延後退休、再工作幾年、多存一點退休金；假設不能延後退休，則就只有「縮減開支」一途。

至於在「節流」部分的方法，可以先從平日開銷大的人、事、物著手，像是耗費金錢較多的名車，或是常習慣跟朋友應酬並搶付帳等習慣，一定要盡早去除掉；把都市的房子出租、獲取租金收入，自己搬到生活費比較便宜的鄉下去住。特別重要的是：如果有壞的債務，一定要優先清償才是。

其次，只要準備3～5年生活費，其餘資金仍然可以繼續投資。事實上，所謂的「退休金準備不足」，也許並不如當事人想的那麼嚴重或不能解決。因為，就算現在要退休，也並不一定立刻要將投資資產全數變現。特別是高齡長期照顧的費用，通常不會在民眾剛退休時候發生。所以，退休前幾年的生活費，可以先靠勞保＋勞退的挹注（特別是勞保有破產危機，絕不能長期倚靠），再透過長期投資的方式累積資產，以做為日後長照的需求之用。儘管在面臨退休之際，不代表立刻要將所有投資資產進行「變現」，但是：手邊一定要維持約1～3年生活費的緊急預備金。除此之外，其餘的現金都應該拿去做投資，且持股比重，一定要大於固定收益資產。

至於實際「退休後」，就要調整以上的比例。那麼，這筆「緊急預備金」要預留多少？又該存放在什麼樣的資產標的上呢？專家們認為退休後的緊急預備金，基本上以「夠支付3～5年生活費」，並視「個人心裡的安全度」而定，且與個人實際投資的財務狀況，以及風險、報酬間有關。當然，以上的3～5年，還得看當事人有沒有其他的現金流（例如勞保或勞退）？

而且這筆錢最好是放在現金（因為考慮流動性及價值不致於虧損，因此以存款或貨幣型基金為主。債券到期前仍有跌價風險的公債或投資等級債，

也許不一定適合。至於 6 年期的儲蓄險，因為期間毫無流動性可言，並不建議持有）上頭。但假設財力還充足，且完全無法容忍退休後生活費有任何減損的人，則可以考慮買年金險進行「保底」。雖然它的投資效益不高，但至少可以讓被保險人「有一口飯吃」。

再者，**退休後仍可投資，但不能「抄短線、要求過高報酬率」**。如果民眾一心只想用超高的報酬率，來補足退休金的不足，恐怕會「適得其反」。因為這樣，只是更把自己曝露在市場更大的風險中而已。所以，如果已有退休的打算，在退休時間靠近之前，就要預先做好準備，例如把原先已準備好的生活費或資產，擺到波動性低的資產上。而且，一定要「每年進行財富的體檢（或生涯模擬）」。其中的重點有二：

首先，**依現有條件及各種推估，了解現有資產可以支應多久的退休生活？已準備的資產是否屬於「安全水位」？**

其次，**進行資產配置。原本屬於積極型的資產組合，就應該轉往保守型的組合。**

再者，**也要同時檢視已有保險保障是否充足？**

以上所說的「資產配置」，就是股、債比的配置。假設民眾想在 60 歲退休，並且在 55 歲時，就開始調整股債比，理論上就算屆齡退休時，股票市場大跌，也不致於讓退休族面臨難以退休的大虧損。簡單一句話：當紀律化地執行退休規劃，也就是在退休前幾年，就降低持有股票的比重。如此一來，便可以降低投資人整體資產的價格波動風險。

市場越跌，越要勇敢正確投資！

但是，假設已退休或準備退休的人，面臨像 2022 年這樣跌跌不休的行情時，又該如何因應呢？個人認為，假設離真正要用這筆錢的時間還長，市場大跌，反而是想要長期投資獲利的理財大眾，千載難逢的進場佈局時機。並且，更應該牢記有關安穩退休的三大重點如下：

重點一‧長期投資股市，績效不會讓投資人失望。為了讓「市場大跌，正是長期投資大好時機」這個論點「有憑有據」，我之前曾請一位投信業的朋友，幫忙查找了以下的相關數據如下表（表 4-3-1）：

表 4-3-1 5 年、10 年及 20 年台股大跌回測定期定額報酬率

定期定額報酬率回測日期	持續期間		
	5 年	10 年	20 年
1989 年 5 月	19%	29%	42%
2000 年 1 月	15%	51%	145%
2007 年 8 月	15%	66%	—
2010 年 1 月	27%	61%	—
2015 年 5 月	24%	—	—

資料整理、製表：李雪雯

單以台股為例，從上表可以看出，不論是投資人突然遇到股市大崩盤，或是剛好在股市高點進場，短期（5 年）的投報率都至少有 15%；假設時間拉長到 10 年或甚至 20 年，都至少還有約 30% 以上的總報酬率。當然，眼尖的讀者也許會說：如果在 1989 年郭婉容事件時投入台股，20 年下來總報酬

率（42%）所換算的年複利報酬，其實只有 2% 不到。話是沒錯，這是因為計算時間的「終點」，剛好是 2009 年全球金融海嘯時的股市大跌。

說到這裡，讀者也許更有反駁的底氣：「妳要我定期定額長期投資，假設我退休時，剛好不幸又遇到股市大跌，不就一切都全毀了嗎」？對此，我倒是覺得理財大眾也許是「多慮」了。

因為理由很簡單：對於正式退休，每月要從過往投資中，固定領取生活費用的民眾來說，生活費雖是「定期」領取，卻並不需要讓資金「一次到位」。也就是說，扣除每月生活支出之外，其餘資金仍可繼續進行投資生利。假設投資繼續不斷投資 25、30 年，或是一路持有到遇到股市大跌的 2022 年，投資人也依然可以獲得不錯的投報率。就算是 1989 年定期定額投入台股，經過 25 年的時間，市場還是會「還投資人一個公道」的。

重點二·長期投資標的以「分散風險」，而非投資單一標的「集中風險」。儘管長期定期定額投資很重要，個人還想要在此不斷重複，並提醒投大眾「安穩退休」的第二大重點在於：必須選對「分散風險」的標的，而不是將風險「過於集中」。例如最近幾年，國內投資人開始流行所謂的「存（個）股」投資術。然而，個人想強烈提醒投資人：所謂的「長期定期定額投資」，只限於「投資整個市場」，而非「單一市場」或「單一個股」。

之前，我曾經在個人臉書粉絲團中，鼓勵投資大眾越是遇到股市大跌，就越應該「勇於進場」。而且，也建議投資人不要單買個股，而應該「買全世場」。也許讀者會問：如果存個股不能分散風險，那麼，投資單一市場或國家（例如中國股市）就可以分散風險嗎？我先講結論：除了投資台灣單一市場（國家），其都都「不宜」！

看到這裡，讀者可能會立即反駁：妳說連投資單一市場或國家都不行，

那麼，鼓勵投資台股，不就犯了同樣的錯誤嗎？對此，個人也想引用政大財管系教授周冠男的反問回應：「你覺得台積電仍然是純粹的台灣公司嗎？台積電外資持股比例達 75%，而且你認為全球景氣影響台積電比較大，還是台灣的景氣影響台積電比較大」？

周教授之前曾引用學術研究已經指出 **1**，在越來越全球化的狀況之下，只要在本地做到風險分散，其實也能同時達到全球風險分散。我個人也認為：對於生活在台灣的投資人來說，以投資整個台股的「0050」為例，就是「在本地做到風險分散」。但是，其他單一市場或國家，並不是「本地」。更何況，凡跨境投資，還更多了一個「匯損」的風險。

過去總有不少讀者，質疑個人「重押台股」的論點，存有太多投資偏誤。除了「海外投資報酬率較高」這個理由（但事實上，海外報酬率可能較高，卻多出了完全躲不掉的匯率風險）外，另一個則是「台灣的政經風險太高」。對此，我還是認為國人「太多慮」了。因為，只要是生活在這個島上、完全離不開這塊土地，每個人都是擁有一樣的命運共同體。就算台灣經濟與台股垮了，沒有任何人能逃得掉。再說了，就算台灣真的發生什麼了不得的大事，除非民眾逃得出四面環海的台灣，且有辦法領到海外投資的錢，否則，就算民眾擔心到白了頭，問題也依然是「無解」。

重點三‧假設要短期投資，勢必要進行股債配置。因為在股市短期下跌時，投資人還能藉由債券收益，提供定期而穩定的現金流。看完以上兩大重點，讀者也可能繼續提問：假設在 1989 年股災進場的投資人，離退休期間不長，根本不可能有 25、30 年，或連 20 年都「等不了」（例如只有 10 或 15 年的時間），遇到股市投報率差，又該怎麼辦呢？這個時候的因應之道，個人認為就只有透過「股債比」的配置來解決。

　　不過，也許已有讀者注意到了，今（2022）年整個金融市場的大跌，並非只有股票市場而已，包括債券市場也是跌得「慘兮兮」（表4-3-2）。單從這樣的數字看來，在投資組合中加入債券部位，似乎也一樣難以避免虧損。

　　然而，投資人應該注意的是：投資組合納入投資等級債券的好處，其一，便是「降低整體投資組合的虧損風險及降低波動」。因為由右表（表4-3-2）中的數據可以看出，在不同風險事件裡，如果投資人能夠在短期（約1年左右）的投資組合中，納入不同的股債比配置，至少都能獲得比「單押股票」還少的虧損。

　　假設從另一個投資期間拉長（14年）的角度，參見（表4-3-3）來看，儘管不同股債比（股債各半、股7債3與股8債2）的年化報率稍差一些些，但投資人所承擔的風險，卻得以下降許多。

　　至於投資組合納入投資等級債券的好處之二，則是「在股市行情不佳時，還可以提供穩定配息收入」。舉例來說，蘋果（Apple）公司在2022年下半年才發行的長天期公司債，票息就有4.450%之高；至於台積電100%持有的子公司TSMC Global Ltd.才發行的10億美元無擔順位公司債，固定年利率分別是4.375%（5年期）及4.625%（10年期）。

　　如果投資人想要在股市行情不佳時，能夠獲得穩定且無風險的穩定報酬，投資人在資產配置中加入的債券，就必須是優質，且違約風險非常低的優質債券，例如美國公債，或是全球龍頭企業的投資等級公司債。至於其他非投資等級或垃圾債，雖然債息可能更高，但同時會有跌價及違約的風險，個人還是不建議投資人輕易持有。總結來說，正當市場大幅大跌且在快速「趕底」之中，我仍然想建議長期投資人，可以善用「定期不定額」、「逢低加碼扣款金額」的策略，透過「拉低投入成本」的方式，讓自己的投資績效更加亮眼。

表 **4-3-2** 風險不同，單押股票或債券，以及不同股債比的報酬率水準

風險事件期間 報酬率	100% 股	100% 債	50% 股 50% 債	70% 股 30% 債	80% 股 20% 債
金融風暴： 2008.04 ～ 2009.4	-35.4%	-3.5%	-20.2%	-26.5%	-29.5%
歐債危機： 2011.07 ～ 2011.12	-11.4%	5.5%	-3.1%	-6.4%	-8.1%
中國股災： 2015.06 ～ 2016.02	-13.0%	-0.7%	-6.9%	-9.4%	-10.6%
石油崩盤： 2020.01 ～ 2020.03	-21.4%	-3.2%	-12.6%	-16.2%	-17.9%

股指標：iShares MSCI 世界指數 ETF
債指標：iShares 投資等級債 ETF

表 **4-3-3** 股債比的資產配置，可以讓投資人的波動風險降低

	年化報酬率	年化標準差	同樣的報酬率需 承擔多少風險
100% 股：iShares MSCI 世界指數 ETF	5.9%	16.8%	2.8689
100% 股：iShares MSCI 世界指數 ETF	5.9%	16.8%	2.8689
100% 債：iShares 投資 等級債 ETF	4.3%	7.5%	1.7419
50% 股 50% 債	5.4%	10.7%	1.9996
70% 股 30% 債	5.6%	13.0%	2.3081

備註：計算期間 2008.04 ～ 2022.06
資料整理、製表：李雪雯

1.資料來源:Koedijk, G. and Mathijs A. van Dijk, 2004. "Global Risk Factors and the Cost of Capital," Financial Analysts Journal 60, 32-38.

4-4

賣房養老？以房養老？留房養老？

目前可用於退休規劃、比較常見的「不動產 + 信託」的業務組合，共有「賣房養老 + 安養信託」、「以房養老 + 安養信託」及「留房養老 + 安養信託」三種。以下我想先為大家簡單介紹不動產信託的定義及架構，並分析一下「賣房養老」、「以房養老」及「留房養老」的差別。

所謂的「不動產信託」定義係指：不動產所有權人為有效利用其資產，或為其他特定的目的，將其不動產（土地、建物與融資款）信託、移轉給受託人（銀行），受託銀行則依照信託契約的約定，對於相關不動產進行「有效利用」。而所謂的「有效運用」包含了不動產的管理、處分、開發，以及興建資金專款專用。

然而，由於目前國內的信託業者（銀行）的分類差異極大，儘管名稱完全相同，但其定義及內涵卻全然迥異；再加上一般大眾會直接接觸，及使用這類不動產信託的機率不高。反而「不動產保全信託」業務，是目前一般民眾較常承做的項目。除此之外，可用於退休規劃、比較常見的「不動產 + 信託」的業務組合，則有「賣房養老 + 安養信託」、「以房養老 + 安養信託」及「留房養老 + 安養信託」三種。

不過，在介紹這三種結合安養信託模式之前，我想先簡單分析一下「賣

房養老」、「以房養老」及「留房養老」的差別。因為對於手中握有不動產的民眾來說，如果要積極運用這筆不動產，以進行退休規劃之用，大概都不脫「賣房養老」、「以房養老」或「留房養老」這三種模式。而這三種模式，都各有其優、缺點及適合對象。

賣房養老：升息相對有利，但資金運用是關鍵

對於手中握有房產的屋主來說，以上三種養老模式裡，原本一直都存在的就是「賣房養老」。也就是屋主只有這一棟房產、沒有其他退休金來源，且房子不一定適合居住養老。所以，就透過將房子賣出，讓自己多出一筆可供退休養老的「老本」。

其優點是：屋主手中立刻生出一大筆資金，可以彈性及靈活運用。且特別是在升息的階段，「賣房養老」將更為有利。因為升息後，就算將賣房所得的錢，放在銀行較高利率的定存裡，也許就能靠著領息度日。然而，其缺點則是：

1. 賣屋相關風險不低。如果當事人手邊沒有其他退休金，一旦售屋資金不夠多，這筆錢可能不夠讓活得非常長壽的當事人「過完餘生」。特別是賣屋價格，很容易受到市場波動的影響，而導致房屋遭到賤賣的下場。

例如之前，我參加一場由弘道老人基金會舉辦，專門探討高齡者金融剝削的「長者經濟安全座談會」時，該基金會的執行長李若綺，就分享了一個血淋淋的真實案例。

話說有位單身，但覺得養老金不足的獨居老奶奶，原本想把住了四十多年的公寓老房子，透過以房養老的方式，「提領」出一筆退休老本。但因為

房屋位置偏遠，最後，沒有一家銀行願意承做以房養老業務。由於老奶奶並不知道有「留房養老」這項業務，無奈之下只能尋求「賣屋養老」一途。但是在與原先談好的專任房仲業務員，約好要帶買方正式簽約的上午，卻有另一家未曾往來過的房仲業務員突然出現，並「說服」老奶奶把房子以低於市場行情很多的價格，「賤賣」給另一組新買家。

由於老奶奶並未經法院，進行輔助或監護宣告，再加上是老奶奶親自簽名賣屋，一切程序及手續都合法。所以，就算老奶奶心有未甘，也只能接受房子被賤賣的事實，吞下養老金大幅縮水的苦果……

2. 還要考慮賣屋產生的交易，以及搬遷等成本。例如仲介費、土地增值稅和財產交易所得稅等。在此同時，屋主還得要考慮賣屋後的搬遷的時間與費用等成本。甚至，還要擔心落得「無家可歸」的下場。

3. 大筆資金運用可能有風險。就算房子賣到最高價，但一下子多出這麼一大筆資金，如果當事人無法好好運用，或是沒有結合安養信託「上一道安全鎖」，那麼，這筆錢可能會被有心人詐騙而「歸零」。

由以上幾點的分析，也更突顯出賣房之後，假設不懂得善加運用，很可能「養老」不成，反而受害。如此，更突顯出「賣屋」再結合「安養信託」的重要性。相關業務內容及做法，請見之後「4.4 不動產＋信託的三種組合」一節內容。

以房養老：升息環境下，不利以房養老

最早在 2015 年時，國內銀行業者就配合政府的政策，推出「商業以房養老」業務。這種又稱為「逆向抵押貸款」的「以房養老」業務，是房屋持

有人將名下的不動產，向銀行進行「逆向抵押貸款」，銀行則依照不動產鑑價的金額及貸款期限，計算出每月給付金額，在扣掉每月必須支付給銀行的利息之後，再將餘額撥給貸款人（屋主），做為養老金之用。

如果簡單用一句話來說，「以房養老」就是屋主，把房子抵押給銀行，再由銀行每月定期提供一筆（但金額每期可能不固定）金額，做為原屋主的生活費。

總的來看，以房養老的優點是：房子雖然抵押給銀行，但屋主仍舊保有「住在家裡」的權利，不用額外負擔養老院的費用。在屋主離世後，其繼承人（例如子女）還可選擇償還貸款，或由銀行將房屋拍賣，從銷售金額扣除應繳貸款後，再將剩下的金額分配給家屬。

且更重要的是：借款人發生繼承事實之後，繼承人可以選擇「借新還舊」方式收回擔保品，或是由銀行直接將擔保品進行處分。但是，無論選擇哪一種方式，借款人因為辦理以房養老的借款債務，還可以全數扣減遺產總額。所以在某種程度上，「以房養老」業務也有「稅務規劃」的效果。

儘管公營行庫或民營銀行所辦理的「以房養老」業務，可以讓逆向抵押貸款者的子女，在償還銀行貸款之後，仍然保有房地產，且是按「實價」而非「公告現值」鑑價，但實際檢視各家商品內容後，會發現「以房養老」業務仍有以下三大問題：

1. 不論貸款人平均餘命有多少年，貸款期間最長不得超過 30 年。也就是說，如果貸款人生存時間超過 30 年，是有可能面臨被銀行「掃地出門」的機會。

2. 就算是按「市價」，但最多也不過是實價的 7 ～ 8 成。特別是房地產

中最值錢的是土地，而非房屋。如果民眾所擁有的土地持分不多，真正能夠從房地產中「榨」出來的金額，也不可能太高。

3. 屋況及所在區位決定可貸金額。由於金融機構在商言商，再加上政府行事也特別小心謹慎，都會預先考慮房屋跌下的損失風險。所以，目前承做的案例，大多數都是集中在房價比較高的大都會區（例如台北市、新北市），特別是房價不易下跌的「蛋黃區」為多。那些房產位於非都會或「蛋黃區」，但更需要一筆生活費的人，恐怕是享受不到其中的好處。

所以，就算撇開子女有可能不贊成父母，將房子「逆向抵押貸款」給銀行，單單用「以房養老」來支應退休生活，會有以下四大困境：

（1）選擇的期間越長，所繳的利息計越多。儘管目前各家銀行的以房養老方案，可由民眾自行選擇「逆向房貸」的時間，且最高以 30 年為限。但是，由於房屋所有人從銀行所獲得的錢，還必須支付「借款利息」，而領的期數越多，民眾所要付給銀行的利息，當然也就「越滾越多」。

（2）假設扣除利息，每期能領金額將會遞減。特別是當貸款息走揚，讓申辦者每月需支付的利息增加，將壓縮能領到的生活費。

（3）如果採「先掛帳」的方式，小心日後一次給付的利息負擔恐怕不輕。以房養老的每月入帳實拿金額，共分成「貸款利息全數掛帳」及「貸款利息部分掛帳」兩種機制。但是，現在多數承辦以房養老業務的銀行，都會設有「貸款成數五成以下先不扣息」，或是「利息扣款上限為每月撥付本金的 1／3」的「先掛帳」模式。

只不過，就算民眾採取「先掛帳」的做法，所有利息延到最後再「一次給付」，也仍將面臨極大的問題：如果當事人真的沒有其他恆產或現金，

這些利息如何能讓沒有收入，還需要向銀行申辦逆向房貸業務的人輕鬆還得？！

（4）假設「縮短領取年期」，也要考慮長壽風險。也許讀者會說：「既然『期間越長，利息繳的越多』，那只要把期數壓縮得更短，不就解決問題了」？！話是沒錯，但讀者可別忘了，如果期間縮短，但實際生存的時間超過這逆向房貸的期間，又該怎麼辦呢？

可以這麼說，「以房養老」真正能夠「嘉惠」的人，應該不會是原本政府及金融機構「想要幫助」的對象，也就是「手邊沒有什麼現金，但只有一棟房子」的退休族；相對的，最能因此「受惠」的，反而會是那些「多筆房產在手」，可能已經很有錢的人，讓他們「能有更多錢可花」。

對於退休資金充足的人來說，恐怕並不需要「以房養老」來支撐生活開銷；至於缺少退休金，且屋況不佳、區位偏遠的屋主來說，不是有可能被銀行「拒貸」，就是「所貸金額不多」。因為若是抵押的房屋不是坐落在雙北市，或是屋齡和屋況條件較差，有可能只能貸到房屋鑑價的 5 成。

然而，不論是以上哪一種，恐怕都不足以讓屋主「安穩退休」。因為，每月遞減的模式，真的不符合大多數無現金者的現實用錢需求。所以，如果手邊只剩下一棟房，又沒有現金的人，假設只靠這 101 筆以房養老的錢，隨著利息越扣越多、每月金額越來越少，「金額變動如此大」之下，如何能維持退休後的生活「從頭至尾」不變？

更何況，隨著人的年齡越來越高，所花的錢將是越來越多。不要說別的，光是醫藥費及長照費用，就可能與「年齡」的高低成正比。特別是到了晚年，除了生活費之外，每個月的支出一般都會上升，主要都是發生在醫藥費、長照費，還有房屋相關稅金及修繕費用上。所以，這種「給付遞減」的方式，

「以房養老」申請資格及條件

目前，有承辦以房養老業務的各銀行，在申請資格上，通常包括以下幾項主要條件：

★借款人須為一定年齡以上，且是債信良好、正常的本國籍自然人。

★貸款成數最高 7 成。

★「借款人年齡＋貸款年期」不得低於一定年期，最長 30 年，最短 7 年。

★擔保品為借款人「單獨所有」，且為完整建物及其基地。

★除此之外，少數銀行對於申貸條件，設有其他特殊規範，例如：「屋齡＋貸款年期」不得高於一定年期、擔保品得為夫妻共有、建物用途必須登記為「住」、「商」、「工」，甚至還可以包括「農舍」等。

其實並不適合退休後的實際生活金錢需求遞增的曲線。也就是說，只有把這筆錢「當閒錢」或「額外零用錢」的人，才不會在乎每月金額有高、有低。

留房養老：彌補「以房養老」的缺點

正因為以房養老存有不少限制及缺點，才讓業者（銀行）想出了一個「留房養老」的新選擇。簡單來說，單純的「留房養老」業務是屋主，與包租代管業者簽訂委任契約，由包租代管業者負責財產租賃相關事務管理，再定期將扣除相關費用後，所剩餘的租金收入，支付給出租的屋主（表 4-4-1）。

表 4-4-1 包租、代管的租金支付方式

	包租	代管
定義	業者以市場租金 8 折，與房東簽訂包租約 3 年，並轉租給房客	房東與房客經業者媒合，承租雙方簽訂租約（至少 1 年）
房東所收租金	按月向業者收取市場租金 8 折的房租	業者向房客（含政府的租金補助），收取市場租金 9 折的租金，按月轉交給房東

資料來源：徐紹彬

整體來說，留房養老業務的優點，正好彌補了以房養老的缺點，這是因為留房養老的每月收入穩定，且房屋可留給後代繼承：在屋主往生後，房屋還可直接留給後代子孫，不須經過贖回等程序，就讓資產順利傳承。不過，留房養老當然也有風險，例如有些民眾的房子如果位於租屋需求較小的地區，恐會面臨無法出租、長期租金不穩的現金流問題。

三種養老方式的優缺點、適合對象

不論是「賣房養老」、「以房養老」或「留房養老」，都可以藉由「活化」手中所握有的一棟不動產，讓自己有一個更為優渥的退休生活。但其中的「以房養老」與「留房養老」間的最大差別就是：「以房養老」是屋主，將房子抵押給銀行、借出養老金過活，但不論是所借本金與利息，日後如果不還給銀行，房子的所有權就會是銀行的。

至於留房養老，則只是將不動產委託銀行，或銀行異業結盟的物業管理公司，進行出租及管理（包租、代管），然後再將收益（租金）給付給屋主。

所以，留房養老業務裡，屋主與銀行間並沒有借貸關係。但值得注意的是，這裡所指的「不動產所有權人」，未必就是受照護的高齡者本人，也可以是照護高齡者的人，或其他的家人。

至於這兩種業務的適用對象，其實都是「除了不動產，手邊沒有其他多餘退休金」的屋主。由於「以房養老」及「留房養老」各有其優、缺點，所以，假設只有一棟位於大都會精華地段的房產（因為，以房養老每月能貸的金額，與土地持分及所處地段密切相關）、退休後也不願搬離現址、沒有子女、不想把房產留給子女的屋主，比較適合採用「以房養老」業務，來籌措退休後的生活費。

相對來說，假設有子女想要繼承不動產，且手中有兩棟（或以上）的房產，或是只有一棟，但因為沒有電梯等因素，無法做為退休後住所的屋主，就比較適合採用「留房養老」業務，幫自己在多「生出」一些退休後的生活費。更何況，屋主支付些許管理費用，交由專業代管，也可以避免管理上的麻煩。有關「賣房養老」、「以房養老」及「留房養老」的內容、做法及優、缺點比較，請見（表 4-4-2）。

表 4-4-2 賣房養老 / 以房養老 / 留房養老

	賣房養老
名稱	一
做法	賣掉房子做為養老金
與銀行關係	無
申辦年齡	無限制
支付成本	稅金、仲介費、搬遷費
變現金額	買賣成交價
可否繼續居住	否
申辦重點	一
優點	手邊立即可有一大筆資金，可以自由運用於換成小屋，或是再租屋

以房養老	留房養老
逆向房屋抵押貸款	—
房子抵押給銀行，銀行每個月撥付養老金給屋主	銀行自行，或委託不動產管理業者招租、維護管理房子，再把所得收益，交給屋主運用
借貸關係	無，銀行單純介紹，或推薦包租代管業者給屋主
60 或 65 歲以上屋主	55 歲以上屋主
銀行逆向房貸利息	如果不加入社會住宅包租代管，則會有額外的包租代管費用（約 10%），以及房屋修繕費用
最高銀行鑑價的 7 成	每月租金
可	可
1. 申請者票、債信正常 2. 擔保品（房屋）所有權為借款人單獨持有，且為自住使用 3. 貸款期間最長通常為 30 年，借款人年齡＋貸款期間須 ≧ 90 ～ 95 歲	1. 就算有房貸或違建，亦可辦理 2. 興建中、開發中不動產不能辦理
1. 養老金比較穩定、比較多 2. 可在熟悉的環境中養老 3. 借款人因為辦理以房養老的借款債務，還可以全數扣減遺產總額。所以某種程度上，也具有稅務規劃效果	1. 免付利息、免揹貸款 2. 子女便於繼承 3. 就算房子有貸款，也可以辦理（但租金收入要先支付貸款） 4. 包租代管的管理風險降低

	賣房養老
缺點	1. 不動產持有太短或太長，都會有高額稅負的問題（持有期間太短，會有兩地合一稅[註]；持有時間長，則會有土增稅） 2. 高齡者賣屋之後再租屋，可能處於租屋市場的弱勢 3. 一大筆資金入帳，很容易被詐騙或挪用
適合者	懂得投資，且擅於金錢管理的人

註：2021 年 7 月 1 日起實施的「房地合一稅 2.0」，持有時間不滿 10 年而出售的稅率為
資料整理、製表：李雪雯

以房養老	留房養老
1. 有利息支出，且升息時負擔會更重 2. 每月金額與貸款年期成反比（時間長，則每月可用金額少），且貸款期間一到，資金就斷炊 3. 子女繼承不便、子女可能不同意，且容易與子女發生衝突 4. 自住住宅可能因為無友善空間設施，而不適合退休養老 5. 可貸金額受限於物件地點，大都市蛋黃區較易承做，且可貸成數較高	1. 因包租代管有費用成本及租金限制，所得金額會比「以房養老」低且不穩定 2. 如果不加入社會住宅包租代管，則會有額外的包租代管費用（約 10%），以及房屋修繕費用
單身無子女，或有子女，但不想繼承房產，且只有一棟房子，想在自己熟悉環境裡安養天年的人	除了房產，手邊沒有其他退休金的屋主，且想要另外入住銀髮住宅，或手中不只一棟房子的人

20% ～ 45%

4-5

「不動產＋信託」的三種組合

1・「賣房養老」＋信託
2・「以房養老」＋信託（＋保險）
3・「留房養老」＋信託

　　根據信託公會所公佈的資料，目前國內銀行業將「安養信託」，結合不動產業務的型態，約有以下幾種（請見表 4-5-1）：

　　1.結合「一條龍整合」服務：這種結合安養信託的「一條龍整合服務」，是將政府釋出閒置土地，藉由信託方式租賃給開發商，再利用不動產開發信託興建安養宅等。在此同時，也利用入住保證金信託及安養信託，以便讓高齡者能放心入住銀髮住宅。

　　2.結合「以房養老貸款」服務：也就是將已經承辦的「以房養老」業務，與安養信託進行結合，並將逆向抵押借貸出來的款項，按月存入安養信託帳戶，專款專用以支付高齡者退休安養生活所需費用。

　　3.結合「留房養老」服務：對於許多想要入住高齡友善住宅，或是手上持有一戶以上不動產的高齡者，透過此一業務，可以透過銀行協助高齡者將房子出租，再將租金收入做為安養信託專戶資金來源，以「專款專用」的方式，支應退休生活所需。

4. 結合「不動產保全」服務：對於許多擔心不動產被不肖子孫、親友盜賣，或被設定他項抵押權的高齡屋主來說，最擔心的就是不動產遭強制執行而無所居所，影響後續生活。不論對「賣房養老」或「留房養老」的屋主來說，透過能與銀行簽訂「不動產保全信託」契約，就能保全自己名下的不動產。

5. 結合「委任方式管理不動產」服務：目前也有銀行推出，以委任方式請物業管理公司，為客戶提供管理（如修繕、出租、出售等）不動產的服務。之後，再將所收取的租金存入安養信託專戶，做為高齡者生活所需。

只不過，以上結合安養信託與不動產的新型態業務，第一項（「一條龍整合服務」）比較跟一般大眾沒有太多直接的關係，其餘四種，則是民眾較常接觸到的安養信託業務（相關比較，請見表 4-5-2）。我將在接下來的篇幅中一一介紹。

表 4-5-1 國內銀行業將「安養信託」結合不動產業務的型態

安養信託結合「不動產業務」新型態	辦理銀行
一條龍 2.0 整合服務	合作金庫、兆豐銀行、第一銀行、高雄銀行、等
以房養老（貸款）	土地銀行、合作金庫、華南銀行、臺灣企銀、高雄銀行等 15 家銀行
留房養老	三信銀行、兆豐銀行
不動產保全型	第一銀行
委任方式管理不動產	第一銀行

資料來源：信託公會

表 4-5-2　三種常見的不動產結合信託業務

信託業務名稱	實際做法
賣房養老＋安養信託	賣掉房子做為養老金，再與銀行簽立安養信託契約
以房養老＋信託	房子抵押給銀行，銀行每個月撥付養老金給屋主，屋主同時與銀行簽立安養信託契約
以房養老＋保險＋信託	將名下不動產以逆向房貸方式，向銀行借一整筆錢，再將這筆錢以躉繳方式，購買一張即期年金險。而年金險所支付的定期年金，則入信託帳戶，在扣除相關貸款利息之後，再將餘額支付給當事人。但到期後，不動產歸銀行所有
「留房養老」信託	將名下不動產交付信託，產權由銀行管理，租賃事務可由高齡者自行管理，或委由銀行合作的業者辦理代租或代管，扣除掉一些費用（管理費或維修費用）後，再將收益支付給當事人。當信託契約結束後，不動產產權回歸當事人本人，或其遺產繼承人

說明：各銀行的信託相關費用請見以下網址查詢（http: / / www.trust.org.tw / tw /
資料整理、製表：李雪雯

1 · 賣房養老＋信託

　　讀者還記得，我在前面章節中，曾經提過一個弘道老人基金會所分享的賣房養老的真實案例吧？而這裡的「賣房養老＋安養信託」做法，就是民眾在賣房養老之後，讓手邊多出一筆現金，然後，把這筆錢交付信託。由於是直接拿錢交付信託，所以，這樣的業務仍算是金錢信託，而不是所謂的不動

適合對象	相關費用
懂得投資，且擅於金錢管理的人	成立信託相關費用、稅金、仲介費、搬遷費
單身無子女，或有子女，但不想繼承房產，且只有一棟房子，想在自己熟悉的環境裡安養天年的人	成立信託相關費用、銀行逆向房貸利息
名下有多棟不動產，或是只有一棟、屋況也適合退休之用（例如有電梯、交通方便），且沒有子女或不準備將房留給子女者	成立信託相關費用、銀行逆向房貸利息、保險金信託相關費用
名下有多棟不動產，或只有一棟不動產，但屋況不適合自己退休之用（例如沒有電梯、交通又不方便），且想把房留給子女者	成立信託相關費用、支付給合作業者的管理費與維修費用等

old-disability ／ trust ／ 2）

產信託。

　　如果這筆現金，是做為日後長照的費用，沒有馬上要動用這筆錢（不是日常生活費），還可以選擇預開型信託（委託人只需要支付一筆數千元的簽約費，不用額外支付每月的信託管理費），並連結較為穩健的投資標的，讓這筆信託資產還能持續且穩定地增長。

圖 4-5-1 以房養老信託架構

與貸款業務結合 - 以房養老《以防養老結合信託 - 雙軌並進

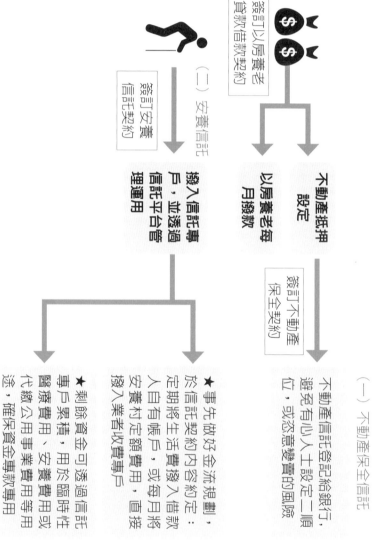

簽訂以房養老
貸款借款契約

不動產抵押
設定

簽訂不動產
保全契約

以房養老每
月撥款

（一）不動產保全信託

不動產信託登記給銀行，
避免有心人士設定二順
位，或恣意變賣的風險

（二）安養信託

簽訂安養
信託契約

撥入信託專
戶，並透過
信託平台管
理運用

★事先做好金流規劃，
於信託契約內容約定：
定期將生活費撥入借款
人自有帳戶，或每月將
安養村定額費用等，直接
撥入業者收費專戶

★剩餘資金可透過信託
專戶累積，用於臨時性
醫療費用、安養費用或
代繳公用事業費用等用
途，確保資金專款專用

資料來源：第一銀行

總的來說，賣房之後的現金，不論是結合一般，或是預開型安養信託，賣房子的人一定要記得「與信託結合」的這個重點。如此，才能保障所收到的賣屋錢，未來分毫都能用在自己身上！

2. 以房養老 + 信託

事實上，信託業者（銀行）之所以會將「以房養老」業務與「安養信託」進行結合，除了配合金管會「信託 2.0」的政策外，最主要是因為考慮到高齡長者如果辦理「以房養老」業務，以房屋做為抵押，並由銀行按月撥款，有時會因為房價總額較高，讓每月給付金額都有較多的剩餘。

這個時候，為了避免這筆錢遭到惡意詐騙，或是高齡者的親屬不當挪用，銀行則想到「將撥款金額部分交付信託，並由受託銀行按實際支出專款專用，剩餘部分則留存於信託，由受託人管理」的方式來解決。因此在實際的運作上，假設委託人選擇「以房養老」結合安養信託的方式，進行現金流規劃，銀行會將逆向抵押借貸出來的款項，依照信託契約的約定，按月撥入安養信託帳戶。之後，再由該信託專戶支付每月基本生活開銷。至於扣除日常生活開銷後所剩餘的資金，則可以繼續放在信託專戶中累積，做為未來臨時性醫療或緊急救助金之用。

所以簡單來說，以房養老信託包括兩部分，一部分是「金錢（安養）信託」，例如以房養老之後，每月可拿 5 萬元。這 5 萬元進入安養信託專戶中，由專戶每月支付 3 萬元生活所需，其餘 2 萬元繼續擺在帳戶中，以備未來臨時醫療照顧之需。另一部分則是「不動產信託」，目的是進行不動產保全，以避免這段期間，房產遭人詐騙（以房養老信託架構請見左圖 4-5-1）。

　　而透過以上信託款項「專款專用」的功能，除了用來支付「以房養老」的貸款人（信託委託人），退休安養生活上所必需的費用外，也能讓養老金的管理簡單且有保障，並確保他們的老年生活無虞。

3. 以房養老 + 信託 + 保險

　　民眾較為熟知、已經辦理多年的「以房養老」業務，除了可以與安養信託，組合成「以房養老信託」外，其實還可以有「結合以房養老的保險金信託」業務的組合。

　　為了因應老年化與少子化趨勢，提供民眾多一項活化自有不動產，又可以讓長者安養生活所需的選擇方式，早在 2016 年 2 月時，台灣人壽與臺灣企銀便率先合作推出一項「房屋擔保貸款結合保險及信託」的「安老快活」專案，是當時保險圈內首創的一種創新保單操作模式。

　　簡單來說，這種「以房養老 + 保險金信託」的組合，是針對部分有特殊需求的委託人，以委託人自己為要保人，將「以房養老」貸得的資金，為委託人繳交年金保險保費。之後所給付的年金保險金，就定期交付信託，並做為委託人生活資金及醫療安養之用，（其與單純「以房養老」業務的差異，請見下頁表 4-5-3）。

　　目前，有推出這種「結合以房養老、保險（主要是即期年金險）與信託」業務的銀行，就只有臺灣企銀與華南銀行。但在實際的做法上，卻有少許的差異存在（請見表 4-5-4）。其中最大的差異，就在於貸款成數、選擇年金險商品，以及最重要的一項—當屋主存活期間，超過核貸年期後的處理方式。總的來說，「以房養老」加上「即期年金險」之後，是可以提供屋主「活的

越久、領的越多」的保障，但相對的，也有其缺點存在，值得對此有興趣的民眾參考。

首先就是，「每期實領金額」，有可能比純「以房養老」要低。這是因為它是採「整筆借款」的方式，所以換算下來的每期利息不低，再加上每月要扣信託管理費，所以每期實領金額，有可能會低於「純以房養老」業務。

其次，在年金保險保證期過後，年金金額可能會大幅下降。儘管即期年金險能夠提供當事人「活的越久、領的越多」的保障，但有些保單的年金金額，在保證期過後就大幅下降，恐怕會出現「金額不足以支應原有生活水準，且還要再繼續支付每月信託管理費」的情形。所以，對此業務有興趣的屋主在申辦前，最好先了解清楚所搭配的年金險內容，並請銀行幫忙試算單純以房養老，以及「以房養老＋保險」組合的未來（至少試算到90或100歲）每月可領金額，才能做出對自己最有利的選擇。

個人想藉此機會提醒民眾：世間所有金融商品，絕對沒有那種「又要馬兒好，又要馬兒不吃草」的「只有優點，卻毫無缺點」的標的。理財大眾只能在眾多選項中，挑選那個最「雖不滿意，但勉強可以接受」的一個。

更何況，投資理財的問題，永遠都是「需要計算的數學題」，且在不同的需求條件之下，每一個人所計算出的解答，也絕對不會完全相同。也就是說，這世界上沒有一個放諸四海皆準的公定標準答案，而只有適合每一位單獨個人的解答。

表 4-5-3 單純「以房養老」與「以房養老＋保險＋信託」的比較

	單純以房養老
商品內容運作方式	單純將屋主的房子進行「逆向房貸」
固定費用	銀行手續費、律師費、設定規費、代書費
變動費用	利息費用（只限「每月借款利息」）
最高貸款成數	臺灣企銀約為鑑價的 7 成、華南銀行第一次約為鑑價的 6 成（因第一次借款要扣除預留的 2 成）
貸款期間	年齡＋貸款期間 ≥ 90 或 93 歲，最短 7 年，最長 30 年
年金商品	無
優點	1. 因為利息計算是依照「借款金額」而定，有借才有利息，因此扣掉利息後的每期實領金額較高 2. 設定時間越短，每期實領金額越高，且利息負擔也比期間長者要少
缺點	由於借款期間一經設定，就無法更改，所以，屋主將會面臨「設定時間短、實領金額高，但需面對長壽風險；設定時間長，可避免長壽風險，但每期實領金額會壓低」的困擾

資料整理、製表：李雪雯

以房養老＋保險＋信託
以屋主的房子向銀行進行一次性借款，並用整筆錢去買一張即期年金險，再將年金匯入客戶的信託帳戶中，定期支付（要扣除向銀行借款的利息，以及每月信託管理費）給受益人
銀行手續費、律師費、設定規費、代書費
利息費用（整筆貸款利息）、信託費（簽約付 1,500 元、每月信託管理費 200 元）
同左
同左
搭配即期年金商品及信託專戶，年金險的保證年期有 10、20、25 及 30 年等不同選擇。
即期年金險可以提供「活的越久、領的越多」的保障
1. 因為採「整筆借款」的方式，所以每期利息不低，再加上每月要扣信託管理費，所以每期實領金額，將低於「純以房養老」業務 2. 雖然即期年金險提供「活的越久、領的越多」的保障，但有些保單的年金金額，在保證期過後就大幅下降，恐怕金額不足以支應原有生活水準，且還要再繼續支付每月信託管理費

表 4-5-4 目前推出結合「以房養老 + 年金險」的業務比較

	臺灣企銀	華南銀行
專案名稱	安老快活	美滿享福貸
申辦最低年齡	60 歲以上	
最高貸款成數	7 成	7 成
保證給付期間	25 年	20 年
照常給付狀況	借款人失智等受監護宣告喪失行為能力，或者是房屋都市更新、重建，甚至房屋遭有心人拿去設定二胎，或遭第三人強制執行	因都更、天災等因素而滅失
利息負擔人	房屋繼承人	房屋繼承人
超過核貸年期後的處理方式	用展延貸款到期日的方式，讓申辦保戶可繼續居住在原有房屋，安享晚年直至其終老	

資料來源：臺灣企銀、華南銀行
資料整理、製表：李雪雯

4.「留房養老」+ 信託

　　過去，銀行在承做安養信託業務時，由於受限於不動產專業人力不足，多半只會接受金錢、有價證券或保險金等為信託資產，對於委託人名下的閒置不動產，大多會婉拒提供服務。

　　其主要原因多半是：管理不易、作業繁瑣、擔心遇到惡房客衍生訟爭等風險。然而，自內政部在 2017 年 12 月 27 日，公佈了《租賃住宅市場發展及管理條例（簡稱「租賃專法」）》之後，以上銀行所擔心的問題，都可以交由專業的包租代管業者協助解決。這也才讓「留房養老信託」業務出現轉機。

2020 年 7 月，兆豐銀行率先推出留房養老安養信託服務，成為國內首家推出留房養老的銀行。其設計的架構是：在兆豐銀行與包租代管業者合作之下，高齡者可以將自己的老屋出租，自己再另外尋找適合居住的電梯大樓，並將房屋產權和租金交付銀行信託。如此一來，不但可以避免房產遭到不當處分，高齡者也同時擁有房產所有權（其架構請見圖 4-5-2）。但值得讀者注意的是，除了兆豐銀行外，也有其他銀行推出類似的業務，只是名字不一定是「留房養老」，而是「以租養老」。

「留房養老」信託的優、缺點

理論上，留房養老信託的主要訴求（申辦）對象是 55 歲以上、手上不止一間房產的民眾。他們可以到銀行申請成立信託帳戶，透過委託銀行「包租代管」房屋的方式（有的銀行像是臺灣企銀，並未協助客戶辦理包租代管業務），每月專款專用，並在扣除信託管理費之後，按月給付安養費用給受益人，讓高齡者不用擔心產權、資金管理等問題，且最終仍保有房產所有權，也讓房子能順利傳承。

且雖然目前安養信託大多規劃為自益信託架構，但在留房養老信託架構下，委託人未必一定就是信託利益的受益人，也可以是子女擔任委託人及不動產本金受益人，再指定父母為信託受益人。等到信託關係消滅之後，受託人再將不動產，歸屬返還給指定的受益人，因而不會額外增加鉅額稅賦。此外，「留房養老信託」也可以不受到「委託人發生繼承事實」的影響，同時，也可結合《民法》的意定監護制度，持續提供受照護受益人穩定的金流。

當然，不論是「以房養老」的每月貸款金額，或是「留房養老」的租金收入，都可以拿來做為信託財產，與受託銀行簽立信託契約。只是，讀者可

圖 4-5-2 留房養老安養信託架構

》不動產保全型信託、委任管理不動產雙軌並行

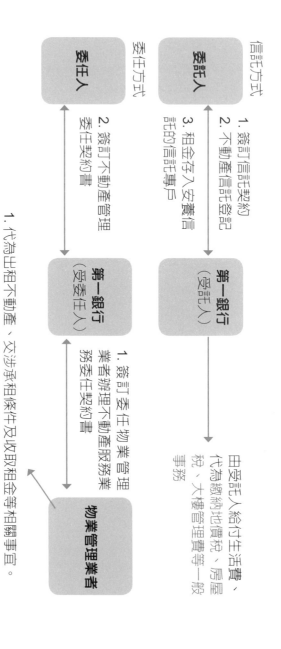

信託方式

委託人
1. 簽訂信託契約
2. 不動產信託登記
3. 租金存入安養信託的信託專戶

委任方式

委任人
2. 簽訂不動產管理委任契約書

第一銀行
（受託人）
1. 簽訂委任物業管理業者辦理不動產服務委任契約書

由受託人給付生活費、代為繳納地價稅、房屋稅、大樓管理費等一般事務

第一銀行
（受委任人）

1. 代為出租不動產、交涉承租條件及收取租金等相關事宜。
2. 代為處理與承租人間，對於上述第一款的法律糾紛。
3. 不動產維護保養、清潔衛生、警衛保全、修繕等相關事宜。
4. 處理因不動產瑕疵對第三人之賠償事宜。
5. 代為出售不動產。

物業管理業者

能會有滿大的疑問：既然透過留房養老，讓我退休後的每月生活費有了著落，何必要再與銀行簽立信託契約，由銀行「按期」支付我生活費，而我，也還要再多支付一筆「依信託資產規模」大小而定的信託管理費？

例如最先推出名為「留房養老信託業務」的兆豐銀行表示，「留房養老安養信託」是透過信託機制，由高齡者將房屋產權及租金交付信託，才能避免房屋產權與資金遭不當管理處分。

假設只是單純將出租後的租金收入信託，由於委託人所持有的不動產產權，依然是由委託人所持有，日後仍有遭遇詐騙而損失的風險。因為在過去，也曾有些民眾選擇自行委託包租代管業者處理。但是，由於晚年可能面臨失智、失能等疾病，導致房產或資金被詐騙或侵占，甚至因子女爭產，最後失去房屋所有權。這個時候，透過留房養老，並將房產交付信託運作，就可以避免以上情形發生。

信託照妖鏡 $

「留房養老」信託遇到租屋糾紛，誰來負責？

兆豐銀行表示，申請「留房養老」安養信託時，委託人總共會簽署三份契約：和銀行間的信託契約、和租賃業者的委任契約，以及和租客間簽立的出租契約。

假設委託人當初與租賃業者，所簽署的委任契約中，也包含「包租代管」服務，則租賃業者就有義務，處理這些租屋糾紛。如果沒有，則委託人必須自行處理租屋糾紛。

至於申辦「留房養老」信託業務流程則如下：

首先，委託人必須先與合法的租賃住宅服務業者，簽訂包租、代管的契約，並約定將其應得的租金（不含押金），做為「以租養老」安養信託的信託財產，以保障租賃當事人雙方權益。

其次，委託人應具備以下文件資料，並到銀行（各分行）簽立契約：

‧委託人（法定代理人／輔助人）的身分證，以及第二證明文件正本（如健保卡、駕照或護照）。

‧委託人的印章。

‧委託人本人指定帳戶（給付匯款帳戶之用）的存摺。

‧如須設置信託監察人的話，則需要信託監察人願任同意書，以及其身分證明文件。

屋主「留房養老」後，不動產不願交付信託？

儘管部分銀行業者推出的留房養老信託業務，可以協助銀髮族將自己擁有的房屋出租，同時將房屋產權及租金交付信託，再由銀行依照其需求，定期撥付生活費及醫療費，以應付委託人退休後的生活所需。

但是據業者私下表示，以上的「留房養老」與「安養信託」的結合，到目前為止，仍處於「只聞樓梯響」的階段。多數客戶不是只做「留房養老」業務，就是只進行「不動產保全信託」的業務。

只做「留房養老」的原因，是當事人只需要包租代管的服務，且很難接受「由信託業者（銀行）代為管理這筆租金收入，還要再收取一定比例的信託管理費」。簡而言之，這類客戶的目的主為「資產活化」。

　　至於單純與銀行從事「不動產保全信託」的客戶，其最主要的目的是「產權保障」，例如怕經商失敗、房子被查封，自己會無家可住，或是擔心房子因為小孩爭產，自己會被「掃地出門」。

　　所以，儘管留房養老信託立意不錯，但多數客戶只願從兩項信託業務中「二選一」，主要是因為以下三大問題而難以推動：

　　1. 銀行代為修繕的成本轉嫁問題。如果房子有失火、房客使用不當的情形，銀行也會產生出一些代修繕的義務及成本。假設委託人將不動產，也一併移轉給銀行，假設這筆費用無法由客戶買單，銀行承做的意願就會非常低。

　　在此附帶一提的是，有關留房養老＋信託的相關費用及成本，對於想要申辦「留房養老＋信託」業務的民眾來說，在與受託銀行簽立留房養老信託契約之後，會有以下的費用成本支出：

　　（1）信託作業費及管理費：一般是按「房屋評定現值＋土地公告現值＋租金」的0.1%收取。以兆豐銀行為例，不同金額級距的收費標準也不同。其中，信託管理費是「每年收取」，至於信託作業費，則是單次收取，且未成案時不退費。

　　（2）仲介費（出租後單筆支出），以及代管服務費：通常，仲介費是「一個月的租金」；附帶一提的是，銀行並不會收取「媒合服務」的任何費用。

　　（3）不動產物件管理費用：每月租金10%的「代管服務費」，是做為代管業者協助確認房屋使用狀況、後續房屋租金的催收、修繕（材料費另計）等。

　　而對於想要節省信託管理費，「只將留房養老結合預開型信託」，這樣的做法好嗎？

　　我個人的建議是，對於從事「留房養老」，卻想省下安養信託的信託管理費，而選擇搭配預開型信託（因為在信託未開始啟動支付之前，是不用收取任何信託管理費的）的民眾來說，其實，還是有些「風險」存在的。

　　這是因為，當委託人在這段期間，萬一不幸發生失能或中風情況，則必須要有一定的證據，證明委託人不能處理預開型信託裡的資產，該信託業務才能啟動，並進行相關費用的支付（參見表 4-5-5）。

表 4-5-5　兆豐銀行「留房養老」安養信託專案收費標準

信託財產之淨資產價值（計算方式為：土地公告現值＋房屋評定現值＋租金）	信託作業費（單次收費，未成案不收費）	信託管理費（每年收取）
18,000,000（含）元以下元	18,000 元	18,000 元
18,000,001 元～36,000,000（含）元	24,000 元	24,000 元
36,000,001 元～50,000,000（含）元	30,000 元	30,000 元
50,000,001 元～75,000,000（含）元	40,000 元	40,000 元
75,000,001 元～100,000,000（含）元	50,000 元	50,000 元

資料來源：兆豐銀行

　　2．租金收入可能不固定且不穩定。房租給付必須納入到信託契約之中，但問題是：房租有可能不是每個月都有，且未來可能租金高低都不相同，既有可能影響委託人（屋主）的收入穩定，也可能會增加承辦業者（銀行）的管理困難度。

3·**與稅負成本有關**。但最後說到底，還是跟「稅負」有關。至今沒有「養房養老＋安養信託」，再將不動產交付不動產安全信託的主要原因，就是來自於「稅金」的問題。

這是因爲將房子信託給銀行，銀行將負有「繳稅（房屋稅、地價稅）」的義務，將會讓銀行衍生出額外的成本。據業者私下表示，如果房屋不交付信託，其持有人是自然人（個人），且符合「地價稅適用自用住宅稅率」的情形，還可以享有一定的節稅空間。但是，一但房屋信託之後，銀行就必須爲「出租收益」繳稅（營利事業所得稅），並轉向委託人（受益人）收取。委託人的節稅空間就立刻消失。

另一位業者也進一步解釋，房屋出租並交給銀行信託，委託人可能喪失「地價稅適用自用住宅稅率」的優惠外，還更會因爲多了一筆所得，而需要多繳個人綜所稅。

如果委託人是自然人，並以每月 30 萬元出租給銀行，這一年 360 萬元租金收入，在個人綜所稅部分，可以有 43% 的認列費用支出可扣除，等於只有實際所得的 57% 才會被課稅。但如果成立信託後，租金收入沒有任何稅負上的優惠。且原先房東在社宅包租代管的優惠，是否會因爲房子信託給銀行後，而喪失了以上優惠的享有，也會讓屋主裹足不前。以上種種，都是影響屋主及銀行，承辦或推動「留房養老＋安養信託」業務的最大關鍵。

儘管因爲稅負上的考量，讓許多透過「包租代管」方式養老的民衆，多半只與銀行簽立安養信託契約，而不願意將不動產進行「不動產保全信託」，反而容易讓這些屋主，面臨不動產可能被有心人惡意遷轉的風險。

但是，如果因爲營業稅等問題，而不願意將自有房屋，進行不動產保全信託，爲了資產保全起見，個人還是建議至少要做到「不動產預告登記（請

見本書「前言」篇）」這一項，以確保不動產產權的安全。

信託照妖鏡 $

委託人失去行為能力或過世，怎麼辦？

　　兆豐銀行表示，只要信託契約的內容明確約定：委託人即使失智、失能後，銀行仍可持續依據信託契約出租住宅。一旦委託人過世後，信託契約即中止；但由於民法有「買賣不破租賃」的規定，即使委託人過世、房子的產權轉移到繼承人名下，原本的租約在期滿前，仍然具有效力。

　　假設委託人希望自己過世後，名下的財產仍受到信託契約保護，也可以在公證遺囑中，指定將財產交付信託。如此一來，便能將保障由生前延續身故後到下一代身上。

4-6

安養信託＋長照服務

這種「安養信託結合長照服務」的「異業結盟」合作，目前有兩種模式，一種是「提供安養信託委託人（受益人）相關的長照服務」；另一種，則是更進一步的「提供代繳（長照）相關費用」服務。

首先在「提供服務資訊」方面，主要是提供包括日常食衣住行，以及長照需求的「一站式平台」。例如臺灣企銀就與長照平台合作，將安養信託資訊放在平台上，方便有需要的長者獲得信託資訊。假設當事人有資金管理需求時，則會引導到銀行提供信託諮詢，進一步協助當事人，將需要交付的看護或安養機構資金，存入信託專戶控管，由銀行專款專用。

又例如第一銀行，就在爭取長期照護產業業者，將必須向入住者收取的資金（入住保證金性質的預收款，像是會員費、保證金、押金等）交付信託管理，以便讓入住的長者放心。

另或是彰化銀行在今（2022）年，就與「廣慈長照社團法人」簽訂多項信託業務合作的備忘錄，除了在先期興建階段，搭配銀行授信承作不動產開發信託之外，並且在長照機構落成營運後，業者向入住者收取的保證金也交付信託，以保障入住者權益。

再例如華南銀行，也從 2015 年開始便積極跨業合作，透過拜訪老人服

務中心及知名安養照護機構，深入瞭解這些長者需求，更藉由傾聽社工、高齡者及照護者們的想法，做爲銀行業務規劃的參考，並提高信託商品的附加價值。

不過，以上的信託業務，絕大多數都是銀行，與長照機構業者之間的項目。目前各銀行提供給一般大眾的，直接將安養信託與長照服務結合的案例並不多。所以以上這些做法，主要是由銀行，提供長照機構的相關訊息，給有長照或日常生活需求的客戶，且信託業者（銀行）與長照機構的合作，多半只是「互利，並取得雙贏（銀行與長照機構）或三贏（銀行、長照機構及有需要的民眾）」的目的。

遠東商銀就坦言，長照機構希望其客戶能將其資產「信託」，並且在日後，由銀行將要支付的相關費用，直接匯給長照機構。如此一來，才有助解決之前有客戶住了沒多久，就不再繼續付錢的問題。至於銀行端，也需要長照機構（業者）介紹客戶，因爲長照機構通常都是排隊申請、非常熱門，它們不需要銀行，而是銀行需要長照機構介紹客戶。

例如上海商銀表示，其與長照機構進行異業合作，最主要是發現他們的客戶中，有不少簽立信託契約的機會與商機。例如當父母失能時，子女雖然都願意付錢給長照機構，但卻互相不信任。此時，如果成立信託，並由銀行當受託人，較能讓互不信任的子女放下心防，願意出同樣的金額成立信託，以便繼續照顧失能的父母。或是有子女都在國外，付錢的子女也不敢一次，把父母的長照費用支付給長照機構。但如果是成立信託，由受託銀行按月付錢給長照機構，比較能夠獲得付錢的海外子女的信任。

很多人擔心錢進入信託就被鎖住，但實際情形卻是避免了很多家庭糾紛。又例如合作金庫的經驗是：有金融機構的法律背書，也比較願意推動。像是

過去中南部很多作法都是：把爸爸的一塊地賣掉（約 200、300 萬元），錢交給大哥、讓爸爸住養老院，並設定由長子的帳戶，扣款繳交安養院的月費。

但實際上，子女們又會互相猜忌：弟弟覺得大哥會挪用爸爸資產，妹妹覺得哥哥可能為了省錢，不會給爸爸最好的照顧。最後交付信託之後，所有小孩都來當監護人，才沒人能說話了……

「代繳（長照）相關費用」的服務

由於銀行所辦理的安養信託中，會有不少客戶因為年老或是不方便出門，會想請銀行代為繳交水電費、看護等費用，或是透過信託，請銀行代為支付在安養機構的費用。其中，又以合作金庫所開發出來的「長照金融管家」，可以說是將信託「專款專用」的優點，發揮最為淋漓盡致的經典案例。根據合庫的說法，其他同業在支付長照機構費用上，都是由長照機構提供信託委託人長照服務，並按月寄送帳單，再由委託人或其家人代繳。

但是在合庫攜手全台共 13 個服務據點的「台灣受恩」長照集團，建立起「長照金融管家」的金融自動支付系統之後，透過與長照服務機構平台進行電腦連線，金流（費用支付）部分全改由銀行（合庫），直接匯款到提供服務的機構，然後再按月寄送帳單給客戶。如此一來，可以省去委託人或其家人，必須自行繳款，再向銀行請款的步驟，可以說方便民眾非常多。而且，合庫除了依舊定期郵寄紙本對帳單之外，所有信託的委託人、監察人及受益人，都可以透過此一網路平台，隨時隨地看到所有帳戶支出等資料，方便相關人等隨時掌握信託財產。根據合庫的說法，未來，銀行仍希望提供長照服務者，由委託人或專業社福團體來負責；至於銀行，就只專責在「金流（信託支付）」部分。

4-7

意定監護契約＋信託——
讓高齡者的後半生「所託對人」！

在正式談到「結合意定監護契約與安養信託」之前，我想先在這一篇文章中，向各位交待一下現有的「法定監護或輔助宣告制度」，以及其與「意定監護制度」間的重大差異。

以「法定成人監護或輔助制度」為例，它主要是當事人「意思表示」有「不能為之」或「顯有不足」的現象，導致其「無行為能力」或「特定行為能力受限」時，就可由利害關係人或當事人，向法院申請的一種制度。

以監護宣告為例，下列這十類人，依法都可以提出此一聲請。因為根據《民法》第 14 條的規定，本人、配偶、四親等內的親屬、最近一年有同居事實的其他親屬、檢察官、主管機關、社會福利機構、輔助人、意定監護受任人，以及其他利害關係人，都可以是監護宣告的聲請權人。

如何向法院聲請「監護宣告」？

有關向法院，聲請「監護宣告」的步驟及流程如下：

步驟一.監護宣告聲請：提出監護宣告聲請之前，要先準備好聲請狀，且聲請狀上必須記載：聲請人（家屬）、相對人（失智者）、擬擔任監護人

者、會同開具財產清冊的人，以及醫師診斷結果。且一定要在書狀後方附上：應受監護宣告之人（即要監護宣告的人）、聲請人、擬擔任監護人者、擬擔任會同開具財產清冊人的戶籍謄本各一份、醫療院所的診斷證明書、親屬系統表，以及其他家屬同意某人擔任監護人的同意書，並且依照《家事事件法》第 166 條的規定，繳納聲請費用新台幣 1,000 元。

步驟二 . 鑑定：之後，家事法院會指定鑑定醫院（按照規定，這項鑑定必須由精神科專科醫師，或是具精神科經驗的醫師進行），由聲請人或家屬先協助應受監護人到指定醫院掛號、預先繳納鑑定費用，再於指定的日期，陪同當事人到醫院接受醫師的鑑定。當然，如果有特殊狀況，例如「受監護宣告之人已經完全無意識（像是：植物人、完全失能者等）」，或是「應受監護宣告的人有：全癱無法自行下床、需 24 小時使用呼吸器或維生設備、長期重度昏迷及其他特殊困難等情形之一」時，法院也可以裁定當事人不用到場詢問，或是聲請指定鑑定機構指派合格鑑定人員，到居住地進行到宅鑑定。

步驟三 . 開具財產清冊：在法院裁定監護宣告之後，對於受監護人的財產，監護人必須會同法院指定的人，在 2 個月內開具財產清冊，並且陳報給法院。而在財產清冊開具完成，並且陳報給法院之前，監護人對於受監護人的財產，就只能「為管理上必要之行為」。

此外，為了在這段時間內，保護應受監護人的財產，法院也得依《家事事件法》審理細則第 126 條，以及「家事非訟事件暫時處分類型及方法辦法」第 16 條的規定，依聲請（家屬聲請）或依職權（法院直接），審酌應受監護宣告人的最佳利益，在監護宣告或裁定確定之前，禁止關係人處分應受監護宣告人的財產[1]。

監護人的功能、職責

據《民法》第 1112 條規定，監護人在執行有關受監護人的生活、護養療治，以及財產管理職務時，應尊重受監護人的意思，並考量其身心狀態與生活狀況。所以簡單來說，監護人的「功能（職責）」，主要包括「醫療養護」、「生活照顧」及「財產管理」這三種。當然，以上是法律上對於監護人（或輔助人）的角色定位。不過，在銘傳大學金融科技創新研究中心執行長李智仁來看，監護人的角色及功能，除了以上三項外，還應該多了「親屬角色」的功能。也就是說，監護人還扮演著監護登記、戶籍變更、關懷訪視、陪同購物、親子活動參與，以及情感支持等。

至於輔助人的職務，是為了確保受輔助宣告人，在重大法律行為上的交易安全。所以，輔助人的職務範圍，要比監護人小很多。舉例來說，輔助人無法在生活安排、健康、醫療照顧上，代替受輔助宣告人行使同意權，只能在財產管理上行使同意權。至於監察人及輔助人的詳細職務內容，請見「衛生福利部社會暨家庭署」《做個稱職的監護人、輔助人》小冊子。

正因為監護人，具有「醫療養護」、「生活照顧」及「財產管理」三大功能（職責），因此他還有以下三大權利及義務必須遵守。

1. 向法院提出報告：法院在必要的時候，可以命令監護人提出監護事務報告、財產清冊或結算書，檢查監護相關事務，或是受監護宣告人的財產狀況。

2. 發生損害的賠償：監護人在執行監護職務時，因故意或過失，導致受監護宣告人發生損害時，應該要負起賠償的責任。

3. 可以請求給付報酬：如果契約沒有約定報酬，監護人可以請求給付

報酬。其數額，可以由法院按監護人的勞力，以及受監護宣告人的資力來決定。

以上是我國《民法》裡，已經有的「法定監護宣告制度」。但是，在2019年6月19日，增訂《民法》第1113之二，以及第1113之三條之後，民眾將不用等到日後，由法院判定一個監護人，而是可以事前「自己選擇」。

看到這裡，讀者心裡一定滿滿的疑問：既然已經有了法定（成人）監護制度，可以保障失能或失智高齡者的財產安全及生活安定，那為何還有推出意定監護制度的必要？

這是因為過去在實務上，有超過90%的監護人是由子女或親屬擔任。但是，常見的問題在於：有些親屬監護人未必擅於財產管理事務，或是熟知監護人的職責與倫理，還曾發生擅自將受監護人財產挪為己用，導致真正需要受到保護的受監護人權利，受到嚴重的損害。甚至，有時監護人的選定，還可能會淪為繼承人爭產的工具；或是實際上的照顧者，才是最了解受監護人的人，卻因沒有上述的血緣親屬關係，而無法被法院選擇擔任監護人。以上種種，也是為什麼會有《民法》修法，在既有的法定（成年）監護制度之外，新增加一項意定監護（契約）制度的原因。

中央警察大學法律系教授暨台灣家事法學會理事長的鄧學仁表示，找親友當意定監護人，雖然有「不用支付費用」及「有一定感情連結」的好處，且儘管成年監護人原本就負有「謹慎管理受監護人財產」的職責。但他引用日本2014年東京家事法院委員會的統計指出，日本全國關於成年監護人的不正當案例，正不斷增加中（請見表4-7-1）。

表 4-7-1 日本成人監護中不正當案例件數及金額

	成人監護中不正當案例 件數及金額	專職監護人盜領案 件數及金額
2011 年	331 件（33 億 4,000 萬元）	6 件（1 億 3,000 萬元）
2012 年	624 件（48 億 1,000 萬元）	18 件（3 億 1,000 萬元）
2013 年	662 件（44 億 9,000 萬元）	14 件（9,000 萬元）
2014 年	831 件（56 億 7,000 萬元）	22 件（5 億 6,000 萬元）

資料來源：https://www.courts.go.jp/vc-files/courts/2021/r03koukenhuseijirei.pdf

據日本最高裁判所（類似台灣最高法院）的統計，成年監護中以「非親屬監護人（例如選定律師、社會福利師等專門技術職務為中心）」的第三人所佔比例，已經達到 65% 的水準。

當然，就算是專職監護人，也並非沒有財產管理的違法案例（請見上表）。但實際比較親屬監護人，與第三人擔任監護人後可發現：損失已降為 1/10。所以，鄧學仁更不忘強調「由第三人擔任監護人」更有利於受監護人。

根據《民法》第 1113-2 條的定義，「意定監護契約」是本人與受任人約定，在本人受監護宣告時，受任人允諾擔任監護人的契約。所以簡單來說，意定監護契約就是在當事人神智清楚的時候，預先選擇最為信任的監護人（像是同居人、閨蜜或好友等），並為自己安排好未來生活、醫療照護方式，以及財產管理，以避免一旦失能或失智後的相關爭議。

儘管法定監護宣告與意定監護兩者，都有「監護」兩個字，但兩者仍有不少的差別（請見表 4-7-2）。而這樣的差異，也正是為什麼許多專家都不忘提醒及建議民眾，最好在自己意識清楚之前，就先訂立好意定監護契約的

原因。

也就是說，相較於傳統的法定（成人）監護制度的較無彈性，是依照法律規定由別人（法官）幫忙選擇監護人；而意定監護制度則是允許透過委任契約，讓民眾預先選任自己的監護人，防止自己未來如果有失能、失智而受監護宣告時，無法對監護人的人選表達意願。

當然，以上「選擇權」的前提必須是：民眾得在自己意思清楚、能完整表達想法、還有簽約的能力時，提早找好意定監護人、簽立「意定監護契約」，並且經由法院公證才行。那麼，意定監護契約要怎麼做呢？其實，意定監護的流程並不複雜，從簽約到正式執行監護任務，只需要以下簡單兩大步驟：

步驟一.委任人與受任人簽署意定監護契約。這裡要注意的是，意定監護必需訂立書面契約，不可以用口頭契約取代。至於意定監護契約內容要寫些什麼？目前法務部有提供「意定監護契約參考範本」，一般民眾可以參考並依照個人的需求，自行增修內容。但專家也不忘建議當事人在意定監護契約中，清楚載明以下重要內容：

首先，是未來受監護宣告時，受監護人的「生活照護方式」，以及「財產管理使用方式」。其次，爲了預先準備好失能後的生活起居安排，同時避免後輩子孫爲此事傷腦筋，可以在監護契約中，指定「日後想要居住的安養醫療機構院所」，同時指定監護人爲自己成立安養信託，並且在信託契約中，設定定期將信託財產，直接撥給安養機構，以支付相關費用。

步驟二.備齊相關文件、找公證人做成公證書，並在 7 日內送交法院。民眾在辦理意定監護公證時，除了帶齊相關證件外，委任人（民眾）必須與受任人（意定監護人）一同前往，不能由他人代替出席。另外，如果是不識

表 4-7-2 成年（法定）監護制度 vs. 意定監護制度

比較項目	法定監護制度
成立時點	當事人無行為能力後
內涵	成年、未成年監護
立法時程	2008 年政府修正《民法》有關監護與輔助宣告制度
監護人的選任（產生）	本人因精神障礙或其他心智缺陷，致不能為意思表示或受意思表示，或不能辨識其意思表示的效果者，由聲請權人向法院聲請選任（第 14、111 條），也就在當事人喪失意思能力，而受監護宣告時，是由法院「依職權」選定監護人
監護人資格（人選）	限於一定範圍內的人選：配偶、四親等血親、最近 1 年有同居事實家屬、主管機關、社福機構或其他適當人選（第 1111 條）
監護人執行職務範圍	依法院職權指定（第 1112 條之一）
監護人報酬	監護人得請求報酬，其數額由法院酌定（第 1113、1104 條）
監護人處分財產限制	監護人處分財產原則時，不得以受監護人的財產進行投資（監護人不得以受監護人的財產為投資，但購買公債、國庫券、中央銀行儲蓄券、金融債券、可轉讓定期存單、金融機構承兌匯票或保證商業本票，則不在此限），且如果是「重大財產行為」時，應經法院許可（第 1101 條）

資料來源：《高齡金融規劃法規及實務解析》第 196 頁
註：以上法條均為《民法》

意定監護制度
當事人無行為能力前
任意監護
2019 年立法院三讀通過，增訂成年人意定監護相關條文
本人意思健全時，由本人與受任人約定，於本人受監護宣告時，由受任人擔任監護人（第 1113 條之 2）。也就是說，監護人可以自己先決定好，不必經由法官指定
不限於法定監護所定的一定範圍人選（第 1113 條之 2）
依意定監護契約所定（第 1113 條之 2）。舉例來說，當事人可以選擇多位監護人，分別負責生活、護養療治，以及財產管理等事項
意定監護契約得約定報酬，或約定不給付報酬；未約定者，監護人得請求法院酌定（第 1113 條之七）
意定監護契約可約定受任人執行監護職務，不受民法規定的限制（第 1101 條 II、III、1113 條之九）。假設當事人在意定監護契約中，已特別約定監護人可以代理受監護人購置、處分不動產，或是得以受監護人財產為投資時，可以投資的項目將不再限於左列的公債等項目

字，或是無閱讀能力的人，則還要多帶一位能閱讀，且與監護事件無利害關係的人為見證人（當然，見證人也要攜帶雙證件及印章）[2]。

由以上步驟可以了解，意定契約的簽訂並不是當事人自己簽一簽就好。首先，要先找專業的人寫好書面契約，還要有公證人進行公證。日後在當事人受監護宣告時，這份預立的意定監護契約才具有法律效力。

至於可以進行公證的管道，目前有「法院公證處」和「民間公證人事務所」。不過據私下了解，由於意定監護契約公證屬一次性收費，且價格非常低廉，但公證人的責任卻重大，並不是每一位公證人，都願意承接此一業務。所以，民眾最好事先詢問清楚[3]。

最後，有關意定監護契約方面，還有一個非常值得注意的重點就是：意

表 4-7-3 《民法》對於意定監護契約撤回及終止的規定

	條件	條數
撤回	任意撤回	1111 條之五
	法定撤回	1113 條之八
轉換	轉為法定監護	1113-4 條第 2 項
終止	聲請法院許可	1113 條之五

資料整理、製表：李雪雯

定監護契約與遺囑具有相同的重要性，所以《民法》對於意定監護契約的訂定、變更、撤回程序都設有詳細規定（請見下表 4-7-3），都需要由本人、受任人一同前往公證，確保雙方合意內容效力。為了確保意定監護契約的法律效力，民眾一定要特別牢記才是！

意定監護契約＋信託

透過以上的內容，在了解了法定監護制度，以及意定監護制度之後，接下來，擔心未來資產安全的民眾，最重要的一道手續，就是「意定監護契約」與「安養信託」的結合了。

條文內容
1. 法院為監護之宣告前，意定監護契約的本人或受任人，得隨時撤回之 2. 意定監護契約的撤回，應以書面先向他方為之，並由公證人作成公證書後，始生撤回的效力。公證人作成公證書後 7 日內，以書面通知本人住所地的法院。契約經一部撤回者，視為全部撤回 3. 法院為監護宣告後，本人有正當理由者，得聲請法院許可終止意定監護契約。受任人有正當理由者，得聲請法院許可辭任其職務 4. 法院依前項許可終止意定監護契約時，應依職權就第 1111 條第一項所列的人選定為監護人
前後意定監護契約有相牴觸者，視為本人撤回前意定監護契約
法院依職權，將意定轉換為法定監護
同「任意撤回」條文

　　然而，爲何預立意定監護契約並公證後，還要與受託人（銀行）預立信託契約呢？主要原因就在於：年齡越大、發生率越高，且完全無法預知何時會發生的失智問題。這些風險，我已經在「前言」的「長壽風險」一文中提及，這裡就不再細說。

　　目前，已有幾家銀行，例如上海商銀、第一銀行與華南銀行，就非常積極地推廣這種結合安養信託的「意定監護信託」業務。希望當事人在自己神智清楚的時候，就先透過預立意定監護契約的方式，與受任人約定：當日後自己發生失能、失智，符合民法監護宣告要件時，就可由法院裁定當初自己選定之受任人，來擔任自己之監護人。

　　之後，當事人再與受託人（銀行），簽立一份「預開型安養信託」契約，由當事人擔任信託契約的「委託人」與「受益人」，並於契約約定：當事人在受監護宣告時，由「意定監護人」檢附照顧當事人的相關單據向該行請款，或指示該行支付當事人的各項醫療費用或安養機構費用，以便讓信託資金確實「專款專用」用在當事人的身上。

　　以上這種「預開型安養信託」在簽約時，只會收取一筆信託簽約費（約2,000元），但在信託專戶啓動支付款項前，不會收取信託管理費（一般約爲每年按照信託財產價值的0.3%～0.5%計收）。所以當事人可以在退休前分年或分次，將資產（例如現金）存入信託專戶，並約定由該行以活存及定存的方式進行管理。在信託還未正式啓動支付款項前，當事人不但不用負擔信託管理費，還可獲得存款利息。

　　當然，讀者也許會說：簽立意定監護契約的客戶，一樣可以在不幸失能或失智（被法院判定監護宣告）之後，由意定監護人來跟銀行簽立信託契約，以便持續照顧客戶未來的生活。但是，以上這種做法（只簽立意定監護契約）

會有一問題：假設委託人的現金財產不多、不足以支付每月生活費，名下卻有不動產時，一旦意定監護人要處分此一不動產，就必須要先經過法院的同意後，才能變賣。

而當民眾將意定監護契約與信託業務結合，並且在契約中，先授權銀行、意定監護人、信託監察人或其他第三人，擁有處分股票或不動產的權利（也可包括順序）。未來一旦需要處分不動產時，就不需要再經由法院允許的程序。

至於誰可以當意定監護人？要選什麼人比較好？已有意定監護人，還需要另設信託監察人嗎？

一般來說，只要是沒有失能、失智，且意思能力健全的成年人，都可以擔任意定監護人。且不限於「有親屬關係」，才能夠擔任意定監護人。此外，意定監護人在指定後，當事人未來也可以隨時再更改。

看到這裡，讀者可能會有大大的疑問：意定監護契約中，已經指定了一位意定監護人，如果再跟預開型安養信託結合後，是否還要再選定一位信託監察人？且這兩人，是否可以是同一人呢？

目前在實務上，為了加強對於委託人利益的保護，一般會在信託架構中設置「信託監察人」，以監督受託人（銀行）執行信託相關事務。且一般來說，信託監察人可以和意定監護人是同一人，也可以是不同人，但其前提都必須是：能以被監護人或是受益人的最大利益為重。

信託業者就不忘提醒，有關於意定監護之信託監察人設計上，如果高齡者未來無法自行管理財產時，則可能會啟動意定監護。所以在意定監護人之外，可另設信託監察人，並可以找委託人信任的親友擔任。只不過，由於意

定監護人在法律上，就是代表當事人。所以，有業者便會建議：意定監護人與信託監察人「最好是不同一人」，其目的是「由第三人進行監督」。

當然，也有銀行持不同的看法。因為對銀行來說，同一人較不會有「兩人意見不和，到底要聽哪一方」的困擾。且據了解，在某些銀行所簽立的信託契約中，只有少數是選擇「不同一人」，其原因主要是當事人擔心「在同一人的狀態下，會引起家庭失和（其他人認為偏愛某一子女）」所致。

但是鄧學仁仍不忘再三提醒及強調，除非能避免「利益衝突」的問題，否則，最好不要讓信託監察人，與監護人成為同一人。

---

1. 資料來源：《因為愛你，教會我勇敢》「失智症法律須知」頁 47-54。
2. 公證時應備文件：1.委任人、受任人身分證、印章、最新戶籍謄本。2.必要時，例如年紀較大或表達能力不佳，公證人還會要求當事人提供醫院診斷證明，證明本人意識清楚。3.意定監護契約中，如果有指定開具財產清冊之人，還必須另外提出載名受指定人身份資料之文件。至於財產歸戶清冊，則要向國稅局申請，且必須提出清冊上相應財產證明文件的正本（例如車輛行照、不動產權狀、存摺）。
3. 意定監護契約可能的費用計有：1.公證費用：意定監護契約必須經過公證，公證費用會依法定標準收費。目前收費標準約是新台幣 1,000 元；假設有約定受任人的報酬，則會在計算報酬總額之後，再依司法院公證費用標準收取。2.其他服務費用：如果民眾委託律師，代為撰寫及審查意定監護契約，或是進行資產規劃，則會再根據服務內容，進行報價與收費。3.意定監護人的報酬：依照《民法》第 1113-7 條規定，當事人本人可與受託人自行約定，是否要給付報酬？或是報酬的金額多寡？但是，就算意定監護契約中，都沒有約定相關報酬內容，監護人也還是可以自行向法院請求，按其勞力及受監護人的資力，酌定報酬的數額。

4-8

遺囑信託 [1]——如何把遺產，留給想要的人？

看到這個題目，也許很多單身或沒有小孩的讀者會想：「我又沒有後代子孫，遺囑對我來說根本沒什麼重要性可言」。但根據統計，2021 年台灣單身人口高達近 1,100 萬人。這數字反而更突顯出單身族群，實有必要審慎思考「如何把遺產，留給想給的人」？

首先，這是因爲針對單身族群而言，假設父母親已不在，也沒有其他手足（兄弟姐妹，其繼承順序請見下頁圖 4-8-1），萬一自己生前沒有事先寫好遺囑，那麼身後所留下的財產，就會全數「充公國庫」。又或是有些單身族群雖有手足，卻也不一定想讓遺產「（平）分」給某一位手足或其子女。

一般來說，只要是「有行爲能力」者，就能夠立遺囑；如果是「限制行爲能力」者，只要 16 歲以上，不用法定代理人同意，也一樣可以立遺囑。那麼，讀者也許會有疑問：立遺囑後都可以修改或撤回嗎？答案是「可以」。只不過立遺囑的民衆要注意：

首先，**日期最近的那一份才有效**。如果在不同期間，立下好幾份的遺囑，那麼，「訂立時間最晚」的那一份遺囑，才具有合法遺囑的效力。其次，**遺囑撤回有一定的法律規定**。如果立了遺囑，之後又後悔了，目前可以有以下三種方式：

方式一．意定的撤回。《民法》第 1219 條規定：「遺囑人得隨時依遺囑的方式，撤回遺囑的全部或一部分」。舉例來說，原本寫好遺囑，將一棟房子留給某一位兒子，後來反悔了，就可以在後面一份遺囑中寫明「撤回第一份要將房子贈與兒子」的部分。

圖 4-8-1 遺產繼承人順序

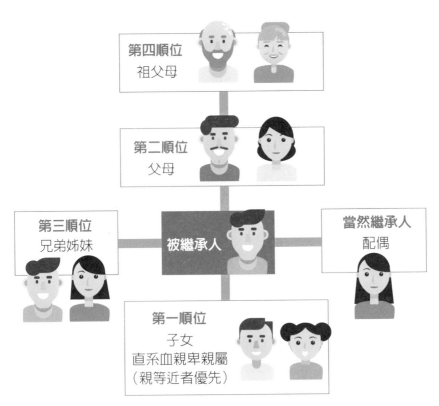

資料來源：《人生理財的失落環節——遺產：為人父母與子女都該超前部署的財務課題》，采實文化出版

方式二.牴觸部分，前遺囑視為撤回。這是因為依照《民法》第 1220 條的規定：前後遺囑有相牴觸者，其牴觸之部分，視為撤回前遺囑。

方式三.法定的撤回。這就是《民法》第 1221 條的規定：「遺囑人為遺囑後所為的行為與有遺囑相牴觸者，其牴觸之部分，遺囑視為撤回」。也就是說，雖然立遺囑人沒有變更或新立一份遺囑，但只要把原本在第一份遺囑中，要留給某位兒子的房子「提前贈與給其他人」，這種「之後的法律行為，與前面的遺囑相牴觸」的情形，也是一種法定的撤回。

遺囑為何需與信託結合？

既然只要有點資產，且有法定繼承人的人，只要依照《民法》裡的相關規定預立遺囑，都能夠確保自己的遺產，依照自己的想法，分配給想給的指定繼承人。

那麼，一般民眾在立了遺囑之後，為何還要再與受託人（銀行）另立信託（遺囑信託）呢？到底「遺囑繼承」與「遺囑信託」之間，有何差別呢？要回答這個問題，得先回到「遺囑信託」的優點及效益上，而有關遺囑繼承與遺囑信託的差異，請見（表 4-8-1）。

總的來說，遺囑信託最大的功用，就是為立遺囑人配置及管理身後財產，甚至可以自由規劃受益人領取信託財產的時點及條件。特別是當遺產繼承人，並不具備妥善管理財產的能力時，透過以上的自由規劃，可以避免這筆遺產遭人侵佔、詐騙，或是在短期內「揮霍一空」。

表 4-8-1 遺囑繼承 VS. 遺囑信託

比較項目	遺囑繼承	遺囑信託
法律行為	無相對人的單獨行為	委託人的單獨行為
特留分限制	都受到《民法》第 1223 條的限制	
遺產稅	依《遺產贈與稅法》的相關規定納稅	
終止日	完納遺產應付稅捐，並辦理遺產繼承程序完成之後	依信託契約到期日，或到期條件發生之時
遺產分配方式	由遺囑執行人依遺囑的內容，將遺產分配給指定繼承人	受託人依信託本旨管理遺產，並依約定條件，定期或不定期將信託財產（遺產）分配給受益人

資料來源：中國信託商銀

遺囑信託發揮效力的三大關鍵

儘管遺囑信託具有不少的優點，但是，遺囑信託想要成功（發揮效力），也有其「限制」存在。

1.遺囑方式必須符合《民法》的相關要件。 這是因為遺囑信託就是「遺囑」，再加上一個「信託」契約，而做為源頭的「遺囑」效力，就是決定遺囑信託能否發揮效力的關鍵之一。

所以，想要訂立遺囑信託的民眾，首先要注意「遺囑方式」必須符合《民法》的相關要件。因為遺囑的種類分為自書、公證、密封、代筆以及口授等，都各自有《民法》所規定的成立方式（請見表 4-8-2）。

對於一般民眾來說，在上述五種立遺囑的方式中，最方便、最節省成本的方式，就是「自書遺囑」。但是，由於遺囑的訂立屬「要式行為」，必須符合法律規定的要件才能生效；且《民法》中對於「自書遺囑」的書寫，有其一定的法律規範條件，假設民眾沒有按照規定的方式書寫，很可能面臨「自書遺囑無效」的結果。

其中最常見的「立自書遺囑」無效案例，就是「自書遺囑全文沒有用手寫，而是用電腦打字的方式完成」。事實上，未親自書寫遺囑全文也成為過去，法院在判定遺囑無效時，最常見的原因之一。除了「未全部手寫」之外，自書遺囑被判定無效的另一理由，則是「只有蓋章，沒有親自簽名（包括塗改部分）」及「沒有書寫日期（包括完整的年、月及日）」。以簽名為例，《民法》第 1190 條就規定立遺囑人，必須在遺囑上簽名。

2. 就是要注意應繼分與特留分的問題。因為按《民法》第 1187 條的規定，立遺囑人只有在「不違反特留分」規定的範圍內，才能夠在遺囑中自由處分遺產。且依照《民法》的規定，就算是被剝奪繼承權的繼承人，仍然有主張「最低繼承比率（應繼分）」的權利。以為父母為例，最低可要求繼承「應繼分」的 1/2；假設是兄弟姊妹，也可主張應繼分的 1/3 財產（請見表4-8-2）。

表 4-8-2 五種法定遺囑方式比較

種類	自書遺囑	公證遺囑
民法條數	1190	1191
書寫人	立遺囑人	公證人
親筆書寫	一定要	不用，可口述或手語，再由公證人筆記、宣讀與講解
親自簽名	一定要	一定要，不能簽名時，由公證人記明事由，再按指印
可否塗改	可，但一定要註明增減與塗改之處及字數，並且簽名	
公證人	非文書認證者不用	1 位，記錄立遺囑人口述意思、宣讀與講解，並要簽名
見證人	不用	2 位見證及簽名
公證程序	可以不用	需公證
遺囑種類	自書遺囑	公證遺囑
費用	無，有文書認證者，另外再付公證書費用的一半	最少 1,000 元，並按不同標的金額或價額收取
優點	費用最低、也相當便利	具有公證效力
缺點	—	費用最高

資料來源：彙整自李智仁、興中地政士事務所負責人陳坤涵、《輕鬆寫遺囑，繼承無煩惱》第 145 頁
資料整理、製表：李雪雯

密封遺囑	代筆遺囑	口授遺囑
1192	1194	1195
無限制	由見證人之一撰寫	見證人之一或錄音
一定要	不用，可口述或手語，再由見證人之一筆記、宣讀與講解	—
一定要，且同時在遺囑、封縫處，並在公證人面前於封面處，總共 3 個簽名	一定要，且與全體見證人共同簽名，當事人不能簽名，則可按指印	不用簽名
1 位公證人，告知遺囑是親筆所寫或代寫，並與遺囑人、2 位見證人在遺囑封面簽名	不用	不用
2 位見證人，並在公證人處簽名	3 位以上見證人，其中一人撰寫遺囑人口述內容	由立遺囑人指定 2 位以上見證人，筆記口述則由其中一人撰寫
需公證	不需要	不需要
密封遺囑	代筆遺囑	
1,000 元	無	無
有公證人證明，但又能保持遺囑內容的秘密性	對於無法寫字或不識字的人來說，較為方便	緊急時可用
過程繁瑣	因為他人代寫，最易偽造，且至少需要 3 位見證人	只能在「生命危急」與「其他特殊情形」下使用。成立之後超過 3 個月，若不用其他方式立遺囑，則失效力

表 4-8-3 繼承人的應繼分與特留分

	配偶	直卑	父母	兄妹	祖父母
應繼分	均分	X	X	X	
	1／2	X	1／2	X	X
	1／2	X	X	1／2	--
	2／3	X	X	X	1／3
特留分	應繼分 ×1／2			應繼分 ×1／3	

資料來源：《民法》第 1144 及 1223 條
資料整理、製表：李雪雯

3. 遺囑信託要能夠發揮其效益，最好預先指定好「遺囑執行人」，以避免日後遺囑執行上的困難。對此，積極搶攻遺囑信託市場的第一銀行就表示，站在銀行（受託人）的角度來看，在設立遺囑信託時，可以不設信託監察人（由於銀行帳戶非常透明，信託監察人可由遺囑執行人兼任），但一定要有遺囑執行人（負責保管遺囑，也是繼承人的代理人），因為，銀行只是依遺囑內容，承擔受託人的責任，並沒有能力負責遺囑的執行。

例如另一家對於遺囑信託業務正在觀察的彰化銀行則坦言，銀行從事遺囑信託的最大困難，就在於「誰能夠做好遺產執行，以及完稅（繳交遺產稅）的工作」。如果能解決此一問題，銀行都會非常樂意從事遺囑信託案件。因為會立遺囑或想做遺囑信託的人，多半是有多位子女。且常常在立遺囑人尚未過世前，子女為了爭產就都吵不完了，假設沒有專門的遺囑執行人，可以先處理好相關問題，銀行未來都可能被子女告上法院，那麼銀行每天跑法院、行文法院就忙不完了。

遺囑信託成立的三大要點

積極推展遺囑信託業務的第一銀行表示，目前遺囑信託發展困難之處在於：

1. 遺囑信託的一大要件是「有遺囑要成立信託」。然而，台灣人因為感情因素，怕分配財產不均時，會傷害到子女間的和諧，所以多數人只停留在「想」的階段，沒有進一步實際開始寫遺囑。

2. 在立了遺囑之後，一定要放在安全的地方管理。但這部分會牽涉到「信任與否」的問題。一但欠缺可信任之人，當事人就沒意願進行遺囑信託。

3. 遺囑執行人要選誰？很多人平日信任律師、會計師或代書，但有關個人遺產所有內容（機密）之處，很可能卻不願意分享給他們；且自然人都有壽命的限制。

讀者參考（圖 4-8-1），便可理解遺囑信託的架構及流程。但根據《信託法》權威—王志誠教授的說法，在實務上，遺囑信託有三種不同的成立方式，也各有其優、缺點（請見表 4-8-4），值得想要設立遺囑信託的民眾參考。

遺囑信託設立重點

第一銀行表示實務上，遺囑信託的做法有二：其一是在立遺囑時，把日後信託契約要提供的服務內容 **2** 寫進去。但是，為了避免日後沒有銀行願意擔任「願任同意人」，最好先與選擇的受託銀行討論，是否能做到這些委託的項目（信託內容是可行的）？並且由受託銀行，簽立「願任同意書」。

表 4-8-4 實務上，三種遺囑信託的成立方式

	方式一	方式二
模式	1. 立遺囑人在遺囑中，載明受託銀行及相關事宜 2. 遺囑生效後，由遺囑執行人聯繫銀行 3. 遺囑執行人辦理遺產申報，並將財產交付信託	1. 委託人（立遺囑人）與受託人（銀行）簽訂「合作意向書」，先確認雙方意願 2. 遺囑生效後，遺囑執行人與受託銀行簽訂信託約定書 3. 遺囑執行人辦理遺產申報，並將財產交付信託
優點	立遺囑人在生前，只需要辦理遺囑製作的相關程序	事先確認受託銀行有受理的意願，以排除事後信託無法成立的不確定因素
缺點	1. 受託銀行可能拒絕受理 2. 遺囑可能無法完整傳達未來信託管理上的細節	1. 委託人必須先繳納信託費用 2. 信託約定書是由遺囑執行人簽訂，未必能完整傳達立遺囑人的真實意願

資料來源：王志誠
資料整理、製表：李雪雯

其二，則是委託人直接與受託銀行，簽立「遺囑信託約款（非信託契約）」，並將此份資料（約款），納入到遺囑中。

最後是，**遺囑信託的受益人可以由誰擔任？**

一般人在生前寫遺囑，主要是爲了分配遺產之用；但遺囑信託的目的，則是立遺囑人（委託人），爲了照顧特定人（也就是立遺囑人的繼承人或遺贈人。只不過，這個「信託受益人」必須是自然人或法人，不能是某一件事，例如「每年請受託人代爲淨灘一次」）而設。

又例如立遺囑人有三位小孩，其中一人有身心障礙問題。此時，便可在

方式三

1. 委託人（立遺囑人）與受託人（銀行）簽訂信託約定書（比照信託契約）
2. 遺囑生效後，遺囑執行人辦理遺產申報，並將財產交付信託
3. 受託銀行依信託契約內容，管理信託財產

事先簽訂信託約定書，詳細約定未來信託管理的細節，以及相關的權利義務

---

1. 委託人必須先繳納信託費用
2. 委託人及受益人，必須配合信託簽約，並且接受銀行要求的 KYC（Know Your Customer，認識客戶）、AML（Anti-Money Laundering，洗錢防制）相關作業

遺囑中指名，要將遺產中的一部分（例如 800 ～ 1,000 萬元，但以不侵犯《民法》對其他繼承人特留分、應繼分為原則）交付信託、設立信託專戶，透過定期或不定期提供生活費等方式，來照顧這個小孩。

假設當事人是單身、沒有小孩，只想把身後遺產，捐給慈善或公益團體，第一銀行建議最好要注意以下的重點：

重點一 . 生前就成立公益信託。如果要捐給公益信託，一定要在身故之前，成立或找好一家公益信託。否則依據現行相關法令，遺囑信託是無法將委託人的遺產，另外成立一公益信託的（依照現行《遺贈稅法》第 16 之一條規定，遺囑信託的財產，只能捐給「已成立的公益信託」，而不是由遺囑

圖 4-8-2 遺囑信託架構及設立方式

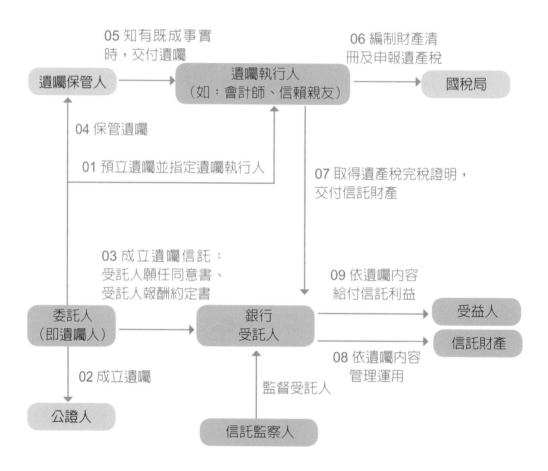

資料來源：第一銀行

信託，去另外成立一個公益信託）。

　　重點二.考慮到仍有其他遺產繼承人，最好簽立兩份信託合約，或是生前就提早贈與。這是因為，兄弟姐妹仍有遺產的繼承權，所以，若是當事人想要在自己身後做公益，最好的方法是生前捐贈給公益團體，而不是做遺囑信託，再把遺產請銀行進行捐贈。此外，由於安養信託屬於自益信託，而遺囑信託屬於他益信託，所以，有以上想法的民眾，最好簽訂兩份契約。這是因為現行規定，如果被遺贈人死亡，其所有財產都將變成遺產，之後的分配，還是得符合《民法》的特留分與應繼分的規定（請見表 4-8-5）。

---

1. 所謂「遺囑信託」，就是委託人生前以遺囑方式，在遺囑內寫明將全部，或部分財產成立信託，並且在委託人發生繼承事實之後，由受託人依遺囑內容，執行信託相關事務，以完成遺產分配並照顧其指定之人（受益人得為繼承人或其他受遺贈人）。
2. 信託約款要寫明的內容：1.照顧對象（即受益人）。2.照顧受益人多久時間？3.遺產中，有哪些是信託財產？4.信託財產的投資運用為何？由何人下指示？5.有關定期分配的約定。

表 4-8-5 有關遺囑信託的重點

項目	內容
特色、功能及優點	1. 遺囑結合信託規劃，可為立遺囑人完整配置及管理身後財產，達成「照顧摯愛」的遺願 2. 如果遺產繼承人還未具備妥善管理財務的能力，遺囑信託可以避免立遺囑信託人的遺產，遭他人覬覦而被侵佔，更可以避免被敗家的子孫揮霍殆盡 3. 遺囑人可自由規劃受益人，領取信託財產的時點及條件，藉由信託延伸其財產管理的意志 4. 遺囑信託也可辦理「遺贈（將遺產給予非繼承人）」或「公益（提供公益團體財務協助）」
辦理遺囑信託前確認事項	1. 確定「想要照顧的人」或「特定目的」：例如照顧繼承人、受遺贈人，或是有其他特定公益目的 2. 確定想要交付信託的財產：一般只限於金錢、股票及不動產三種類型的財產 3. 草擬遺囑信託內容：由立遺囑人、遺囑執行人、受託銀行、律師及會計師，共同討論遺囑內容 4. 決定遺囑執行人：可以指定律師、會計師，或信賴的親友擔任 5. 遺囑公證：洽詢公證人，辦理遺囑公證或認證
承做門檻	一般能做或會做遺囑信託的，都是高資產（上千萬元資產以上）族群
相關費用	律師、會計師可以幫忙製作遺囑（每小時談話費，至少要5,000～8,000元。假設需要公證，要再加3～5萬元；如果要包括遺囑執行，整體費用恐怕20萬元跑不掉）

資料來源：第一銀行、遠東商銀

資料整理、製表：李雪雯

附錄
信託業者名單

臺灣銀行
單位：新台幣元

商品名稱	承作門檻	信託財產種類	相關費用
樂活人生安養信託	無	金錢（含保險金）	1. 簽約費：1,000 元 2. 信託管理費：按信託財產淨值的年率 0.2％計收，每月最低 200 元 3. 修約費：1,000 元
珍愛人生安養信託	無	金錢（含保險金）	1. 簽約費：1,000 元 2. 信託管理費：按信託財產淨值的年率 0.2％計收，每月最低 200 元 3. 修約費：1,000 元
客製化契約	無	金錢（含保險金）、有價證券	規劃服務費及信託管理費個案報價
保險金信託	無	保險金	1. 簽約費：5,000 元 2. 信託管理費：按信託財產淨值的年率 0.3％～ 0.4％分段計收，每月最低 1,000 元 3. 修約費：1,000 元

註：1.各營業單位安養信託專員；各營業單位服務據點網址 http://www.bot.com.tw/ 2.臺灣銀行信託部 02-2349-4222；02-2349-5219

臺灣土地銀行
單位：新台幣元

商品名稱	承作門檻	信託財產種類	相關費用
客製化契約	無	金錢、有價證券、保險金	規劃服務費及信託管理費個案報價
銀髮安養信託	50 萬元（含）以上	金錢	1. 免收簽約費 2. 信託管理費：每年按信託財產價值 0.3％計收，且不低於 10,000 元 3. 修約費：每次 1,000 元

註：請洽本行各營業單位理財業務人員；網址 http://www.landbank.com.tw/

合作金庫商業銀行

單位：新台幣元

商品名稱	承作門檻	信託財產種類	相關費用
高齡者及身心障礙者財產信託	30 萬元	金錢	1. 簽約費：3,000 元 2. 信託管理費：按信託財產淨資產價值，依年率 0.3%～0.5%計收，每月最低 500 元 3. 修約費：每次 1,000 元

註：請洽各營業單位信託經辦；網址 https：//www.tcb-bank.com.tw/

第一商業銀行

單位：新台幣元

商品名稱	承作門檻	信託財產種類	相關費用
珍愛一生退休安養信託【家庭財富信託系列】	50 萬元以上	金錢（定型化契約）	1. 簽約費：2,000 元起 2. 信託管理費：依資產規模以年費率 0.2%～0.5%計收，每月最低 100 元 3. 修約費：1,000 元
家庭財富信託	50 萬元以上	金錢	1. 簽約費：3,000 元 2. 信託管理費：按信託財產淨資產價值，依年率 0.3%～0.5%計收，每月最低 500 元 3. 修約費：每次 1,000 元
有價證券信託	無	有價證券（集保劃撥股票）	簽約費及信託管理費個案報價
不動產信託	無	不動產	簽約費及信託管理費個案報價

註：1. 各營業單位理財業務人員或信託處專案業務部 02-2348-1981、02-2348-1394
　　2. 有價證券信託：各營業單位理財業務人員或信託處專案業務部 02-2348-4603
　　3. 不動產信託：各營業單位理財業務人員或信託處專案業務部 02-2348-4756

華南商業銀行

商品名稱	承作門檻	信託財產種類	相關費用
1. 退休安養信託 2. 保險金信託	無	金錢	1. 標準化契約：簽約費 5,000 元，信託管理費依資產規模年費率 0.6％計收，惟每月應收取費用低於 1,000 元者，以 1,000 元計收 2. 量身訂作型契約費用另議

註：華南商業銀行各分行理財業務人員；網址 http：//www.hncb.com.tw/wps/portal/HNCB/

彰化商業銀行

商品名稱	承作門檻	信託財產種類	相關費用
安養信託／身心障礙者財產信託	無	金錢	1. 簽約費：3,000 元，身心障礙者得優惠減免 2. 信託管理費：按每日信託財產淨資產價值，以年率 0.25％～0.5％逐月計收，每月至少 1,000 元，每增加 1 位受益人增加 500 元 3. 修約費：1,000 元

註：各營業單位財富管理顧問或金融商品銷售專員；網址 https：//www.bankchb.com/

上海商業銀行

商品名稱	承作門檻	信託財產種類	相關費用
無特定商品名稱	無	金錢	視個案信託執行繁簡及管理運用方式而定，一般為： 1. 簽約費：信託財產的 0.5％，每月最低 1,000 元 2. 信託管理費：信託財產的 0.3％～0.5％（年率）按月收取，每月最低 1,000 元 3. 修約費：3,000～5,000 元／次
無特定商品名稱	無	保險金	
無特定商品名稱	無	有價證券	
無特定商品名稱	無	不動產	

註：聯絡人員及聯絡方式：李佳怡、陳有薇 02-2356-8111（分機 252、243）

台北富邦商業銀行　　　　　　　　　　　　　　　　　　　單位：新台幣元

商品名稱	承作門檻	信託財產種類	相關費用
金錢信託	無	以金錢為例	1. 制式化契約基本收費如下： ★ 簽約費：5,000 元 ★ 信託管理費：年率 0.3% ～ 0.5%，有最低收費門檻 ★ 修約費：1,000 元／次 ★ 無提前解約費用 2. 量身訂做契約費用採個案報價
制式化保險金信託	無	金錢（保險金）	1. 簽約費：5,000 元，有最低收費門檻 2. 信託管理費：年率 0.3% ～ 0.5%，有最低收費門檻 3. 修約費

註：信託業務處 - 信託專家科：02-2718-6888（分機 602、751、767、933）；或洽各分行理財專員（服務據點查詢網址 https：//www.fubon.com/banking/locations/locations.htm）

國泰世華商業銀行　　　　　　　　　　　　　　　　　　　單位：新台幣元

商品名稱	承作門檻	信託財產種類	相關費用
幸福守護安養信託	無	1. 自益、他益皆可：金錢、股票、不動產 2. 限自益：保險金	1. 簽約費：5,000 元起 2. 信託管理費：年費率 0.3% ～ 0.5%，最低每月 500 元 3. 上述費用依個案情形優惠另議
遺囑信託	無	金錢、股票、不動產	1. 簽約費：個案洽談 2. 信託管理費：年費率 0.3% ～ 0.5% 3. 上述費用依個案情形優惠另議

註：個人信託愛心專業團隊 02-8722-6666（分機 7607 ～ 7610）

高雄銀行　　　　　　　　　　　　　　　　　　　　　單位：新台幣元

商品名稱	承作門檻	信託財產種類	相關費用
守富信託	100 萬元 (社政單位轉介個案為 30 萬元)	金錢	1. 簽約費：依信託財產的 0.5% ～ 1% 計收 2. 信託管理費：每月依信託財產淨資產價值，按年費率 0.5% ～ 1% 計收，最低收取 500 元整 3. 社政單位轉介個案：費用另採優惠計收
守富信託	無	保險金	1. 簽約費：5,000 元整 2. 信託管理費：每月依信託財產淨資產價值，按年費率 0.5% ～ 1% 計收，每月最低 200 元整
守富信託	無	不動產	1. 簽約費：依信託金額 0.5% ～ 1% 計收 2. 信託管理費：依交付信託時的信託金額，以年費率 0.5% ～ 1% 按信託期間計收，每月最低 1,000 元整

註：金錢信託：07-238-5188（分機 26 蔡專員）；保險金、不動產信託：07-238-5188（分機 31 童專員）

兆豐國際商業銀行　　　　　　　　　　　　　　　　　單位：新台幣元

商品名稱	承作門檻	信託財產種類	相關費用
兆豐歡喜護照安養信託	無	金錢（含保險給付金）、上市及上櫃公司股票	1. 標準收費： ★ 簽約費：5,000 元 ★ 信託管理費：按信託財產淨資產價值，依年費率 0.5% 計收，每月最低 2,000 元 2. 優惠方案： ★ 簽約費：3,000 元 ★ 信託管理費：按信託財產淨資產價值，依年費率 0.2% 計收，每月最低 500 元 3. 量身訂做型契約費用另議

註：1. 各分行理財專員，請詳本行網站 https：//www.megabank.com.tw/
　　2. 信託處信託企劃科 02-2563-3156（分機 3105、3112、3119、3171）

台灣中小企業銀行　　　　　　　　　　　　　　單位：新台幣元

商品名稱	承作門檻	信託財產種類	相關費用
安養信託	無	金錢	【標準契約】： 1. 簽約費：3,000 元 / 每件 2. 信託管理費：依每月信託財產平均餘額，按費率（年率）0.3% ～ 0.4% 計收，每月最低 800 元起 3. 修約費：3,000 元 / 次 【量身訂作型契約】：費用另議

註：臺灣企銀信託部 02-2559-7171（分機 5432、5434）

台灣商業銀行　　　　　　　　　　　　　　　單位：新台幣元

商品名稱	承作門檻	信託財產種類	相關費用
樂活安養信託及身心障礙信託	無	金錢	1. 簽約費：2,000 元 2. 信託管理費： ★ 第一年每月 300 元 ★ 第二年每月 600 元 ★ 第三年起按年費率 0.2% 計收，每月最低收取 1,000 元 3. 修約費：免收

註：信託部 04-2223-6021（分機 5860 梁小姐、5886 陳先生、5857 陳先生）

瑞興銀行　　　　　　　　　　　　　　　　單位：新台幣元

商品名稱	承作門檻	信託財產種類	相關費用
安穩養老 / 代代相傳	無	金錢	依信託繁瑣與金額收取簽約費、信託年管理費與作業費

註：業務科 02-7729-3900

台灣新光商業銀行   單位：新台幣元

商品名稱	承作門檻	信託財產種類	相關費用
安養及保險金信託	無	金錢、保險金	1. 簽約費：5,000 元 2. 信託管理費：按信託財產淨資產價值的 0.40％～0.50％計收，每月最低 500 元。 3. 修約費：每次 1,000 元

註：張家聲、龔侯昇 02-8758-7288（分機 7832、7828）

板信商業銀行   單位：新台幣元

商品名稱	承作門檻	信託財產種類	相關費用
幸福人生安養信託	50 萬元	金錢	【制式化契約】： 1. 簽約費：3,000 元 2. 信託管理費：依信託資金或信託財產淨資產價值依年率 0.3%～0.1%每月計收，且每次不低於 500 元 3. 修約費：1,000 元／次 4. 作業處理費：500 元／次，每月超過約定次數以上之信託指示時收取 【客制化契約】：信託相關費用另議

註：請洽信託部或各營業單位人員，各營業單位服務據點查詢網址 http://www.bop.com.tw/

三信商業銀行   單位：新台幣元

商品名稱	承作門檻	信託財產種類	相關費用
安養金錢信託	無	金錢	【標準契約】： 1. 簽約費：3,000 元 2. 信託管理費：每月以每日信託財產淨資產價值，按實際信託日數年利率 0.2%～0.5%計算或定額收取，最低 400 元 3. 修約費：每次 1,000 元 【客制化（專案型）契約】：逐案計價

註：聯絡人員及聯絡方式：陳淑莉 04-2280-7366（分機 353）

聯邦商業銀行　　　　　　　　　　　　　　　　　　　單位：新台幣元

商品名稱	承作門檻	信託財產種類	相關費用
安養金錢信託	無	金錢及存款商品	1. 簽約費：每件 5,000 元 2. 信託管理費：每年依信託財產總額 0.5%～0.8%計收，每年最低 6,000 元 3. 修約費：每次 2,000 元
客制化契約	無	金錢及存款商品	1. 簽約費：每件 8,000 元 2. 信託管理費：以處理信託事務的繁瑣程度計收，每年最低 12,000 元 3. 修約費：每次 2,000 元

註：信託部企劃推展科 02-2507-4066（分機 591-597）

遠東國際商業銀行　　　　　　　　　　　　　　　　　單位：新台幣元

商品名稱	承作門檻	信託財產種類	相關費用
退休安養信託	30 萬元	金錢	依信託繁瑣與金額收取簽約費、信託管理費與作業費

註：02-2312-3636（分機 88976-88980）

元大商業銀行　　　　　　　　　　　　　　　　　　　單位：新台幣元

商品名稱	承作門檻	信託財產種類	相關費用
安養信託	50 萬元	金錢為主	1. 制式化契約：簽約費 1,000 元，信託管理費依資產規模年費率 0.2%計收，惟每月最低收費 1,000 元。其他費用依信託契約的約定 2. 量身訂作型契約，費用另議 3. 制式化契約承作客戶僅限 55 歲以上高齡者，以及身心障礙者

註：02-2173-6699（分機 7203-7208）

永豐商業銀行
單位：新台幣元

商品名稱	承作門檻	信託財產種類	相關費用
安養信託	無	金錢（台幣、外幣皆可，含保險金）	【標準契約】： 1. 簽約費：3,000 元 2. 信託管理費：按信託財產淨值年率0.2%計收，每月最低 500 元 3. 修約費：每次 2,000 元 【客製化契約】：依個案情況，費用另議
安養信託	無	有價證券（上市、上櫃股票）	依個案狀況，費用另議
安養信託	無	不動產	依個案狀況，費用另議

註：請洽信託部 02-2183-5155、02-2183-5127

台新國際商業銀行
單位：新台幣元

商品名稱	承作門檻	信託財產種類	相關費用
規劃型金錢信託	50 萬元	金錢	簽約費 1%，年信託管理費需視承作金額及規劃複雜度議定

註：請洽信託部 02-5576-3679、02-5576-3681

日盛商業銀行
單位：新台幣元

商品名稱	承作門檻	信託財產種類	相關費用
家庭長照信託	個案洽詢	以金錢為主	完全客製化請個案洽詢

註：信託處 02-2562-9398

玉山商業銀行　　　　　　　　　　　　　　　　　單位：新台幣元

商品名稱	承作門檻	信託財產種類	相關費用
樂活久久信託	無	以金錢及將來理賠的保險金為原則	以退休安養為目的或領有身障手冊者，簽約費新臺幣 3,000 元（可視個案調整）；信託管理費：依信託財產價值計算，年費率 0.3%，每月最低 500 元（可視個案調整）
保險金安養信託	無	以金錢及將來理賠之保險金為原則	以退休安養為目的或領有身障手冊者，簽約費新臺幣 3,000 元（可視個案調整）；信託管理費：依信託財產價值計算，年費率 0.3%，每月最低 500 元（可視個案調整）
有價證券信託（管理型、借型）	無	以有價證券為原則	依個案評估規劃、報價
遺囑信託	無	以金錢、有價證券為原則	依個案評估規劃、報價

註：信託部 02-2562-1313；或洽各分行理財業務人員；服務據點查詢網址
　　https：//www.esunbank.com.tw/bank/about/locations/branch

中國信託商業銀行 單位：新台幣元

商品名稱	承作門檻	信託財產種類	相關費用
退休養老信託	無	以金錢為主	【制式化契約】： 1. 簽約費：5,000 元（受益人如為身心障礙者，可另享 5 折優惠） 2. 信託管理費：按信託財產淨資產價值依年費率 0.3%～0.5%計收，每月最低 1,000 元 3. 修約費：每次 1,000 元 【客製化契約】：請依個案洽詢
保險金信託	無	保險金	【制式化契約】： 1. 簽約費：3,000 元（受益人如為身心障礙者，可另享 5 折優惠） 2. 信託管理費：按信託財產淨資產價值依年費率 0.3%～0.5%計收，每月最低 1,000 元 3. 修約費：每次 1,000 元 【客製化契約】：請依個案洽詢

註：個人信託部 02-2381-8890（分機 307、363、857）

【識財經 42】

安養信託：放大你的退休金，打造晚美人生

作　　者　李雪雯
視覺設計　徐思文
主　　編　林憶純
企劃主任　王綾翊

第五編輯部總監　梁芳春
董 事 長　趙政岷
出 版 者　時報文化出版企業股份有限公司
　　　　　10803 台北市和平西路三段 240 號 7 樓
　　　　　發行專線　（02）2306-6842
　　　　　讀者服務專線　0800-231-705、（02）2304-7103
　　　　　讀者服務傳真　（02）2304-6858
　　　　　郵撥　19344724 時報文化出版公司
　　　　　信箱　10899 台北華江橋郵局第 99 信箱
時報悅讀網　www.readingtimes.com.tw
電子郵箱　yoho@readingtimes.com.tw
法律顧問　理律法律事務所　陳長文律師、李念祖律師
印　　刷　勁達印刷有限公司
初版一刷　2022 年 12 月 23 日
定價　新台幣 450 元
（缺頁或破損的書，請寄回更換）

安養信託:放大你的退休金,打造晚美人生/李雪雯作. -- 初版. --
臺北市：時報文化出版企業股份有限公司, 2022.12
252 面；17*23 公分
ISBN 978-626-353-010-2(平裝)
1.CST: 退休 2.CST: 信託管理 3.CST: 個人理財 4.CST: 生涯規劃
　　　　　　　544.83　　　　　　　　　　　111015742

ISBN 978-626-353-010-2
Printed in Taiwan